中国ベンチャーに学ぶ
新時代の「広め方」

LEAP MARKETING

リープ・マーケティング

永井竜之介
Ryunosuke Nagai

イースト・プレス

はじめに

「自信をもってつくったのに、新サービスが思うように広まらない」
「いいモノをつくるだけでは上手くいかないとわかっているが、何をすればいいのかがわからない」
「『これまで通り』を変えたいけれど、どうすればいいのだろう」

商品開発やプロモーションなど、製品・サービスをつくって広めるマーケティングの現場では、こういった悩みがつきものだ。とくに日本では、「イノベーションが生まれない」と言われて久しい。事実、ここ数十年は画期的な製品・サービスのほとんどが海外から輸入されてくるのが常だ。

では、海外の製品・サービスと日本のそれとは何が違うのだろうか？

答えは、その「広め方」にある。日本のビジネスパーソンが直面している課題の多くは、「いかに製品・サービスをつくるか」よりも、「いかにそれを広めるか」に原因があるといえる。どれだけ優れた製品・サービスを開発できても、その価値を広めることができなければ、イノベーションにはならない。いま日本にもっとも必要なのは広める力、つまり、マーケティング力である。

さて、では海外に目を向けてみよう。アメリカでは「GAFAM」（グーグル、アップル、フェイスブック、アマゾン、マイクロソフト）、あるいはネットフリックスやウーバー、エアービーアンドビー、テスラ、ゴープロなど、多くの革新的な製品・サービスがシリコンバレーを中心に生まれている。そして、そのどれもがマーケティングを効果的に行っている。多くの日本企業が、そうしたアメリカのマーケティング戦略に学ぼうとしてきたのは言うまでもない。

しかし、アメリカを超えるスピードでイノベーションをつくりあげ、数々の画期的な製品・サービスを生み出している国がある。アメリカよりもずっと身近にあるその国を、私たちは知っているはずだ。そう、中国である。「BATH」（バイドゥ、アリババ、テンセント、ファーウェイ）、シャオミ、DJI、バイトダンス、美団点評など、停滞する日本と対照的に、中国の企業・ビジネスパーソンはデジタル分野に特化したイノベーションを次々に生み出し、広めることに成功している。

「中国？　中国のマーケティングの話なんて聞いたことがない」という方も多いだろう。たしかにビジネスで中国が語られるときは、往々にして、その資金力や技術力、経営戦略などがメインになりやすい。しかし、繰り返しになるが、どれだけ優れた製品・サービスをつくったとしても、その価値を広めることができなければ意味がない。それは現代のビジネスに関わる誰もがよく知っていることだろう。これはどの国でも同様だ。もちろん、中国においても。中国企業の強さとは、資金力、技術力、経営戦略の裏側にある、徹底した独自のマーケティング戦略、「広め方」にある。本書ではこれを「リープ（飛躍）・マーケティング」と呼称する。

そして、このリープ・マーケティングにこそ、いまの日本のビジネスパーソンが学ぶべきものがある。事実として、キャッシュレス決済が急速に浸透した中国と比べて、日本が数年単位で遅れていることは誰の目にも明らかだ。モバイルオーダー、ニューリテール、顔認証サービスなど、中国は多くの世界最先端のサービスを普及させることに成功している。詳しくは本編で解説するが、ここにこそ広め方の差が現れている。

また、中国の武漢から世界に波及していったとされる新型コロナウイルスは、中国国内のビジネスにも大打撃を与えた。しかし、多くの中国企業はただ活動を自粛しているだけではない。彼らはしたたかに、次のビジネスを広げる貴重な機会として、このピンチを有効活用している。たとえば、感染抑制のための強制自宅待機は、無人化、自動化、各種オンラインサービスの拡張・発展など、新たなビジネスを一気に開花させるチャンスにもなっている。中国のデジタル・イノベーションは、コロナショックに屈することなく、むしろこれをバネにさらに飛躍し、世界をリードしていくだろう。

筆者は、日本と中国、2つのバックグラウンドを持つマーケティングの専門家として、日本のビジネスの現場に向けて、「日本企業が変わるために、強くなるために、中国ベンチャーから学び、取り入れる」という選択肢を本書で提示したい。中国ベンチャーの広め方を取り入れることができれば、日本の製品・サービスは生まれ変わることができると確信している。

本書では、リープ・マーケティングを「戦略」「スキル」「マインド」に階層化して分析することによって、中国ベンチャーの広め方を解き明かす。そして、中国ベンチャーとの比較を通じて、日本のマーケティングの課題と強みを浮き彫りにしていく。

まず序章では、なぜアメリカではなく中国ベンチャーが日本企業にとって最適な比較対象となるのか詳述する。続く第1章では「加点型マーケティング」、第2章では「未来型共創マーケティング」、第3章では「ブルーポンド戦略」、第4章では「ブリッツスケール」と、章ごとに1つずつリープ・マーケティングの戦略を分析し、解説していく。そして終章で、4つの戦略を日本の現場でいかに取り入れるか、具体的な方法を提示する。

マーケティングと一口にいっても、その対象範囲はとても広い。しかしながら、「マーケティングって市場調査のことですよね？」といったように、狭い範囲しか理解されていないケースは多い。場合によっては、この「市場調査」が「営業」「製品開発」「プロモーション」「ブランディング」などに置き換えられることもある。これらはすべて正解であり、同時に間違いでもある。なぜなら、マーケティングには、ビジネスにおける「売れる（広める）仕掛けづくり」のあらゆる活動が含まれるからだ。近年では、企業の生き方・勝ち上がり方を左右する経営戦略までもが、マーケティングに含まれる。とはいえ、トップの号令だけでは組織のマーケティングは変わらない。現場に立つ一人ひとりが、学び、肌で感じ取り、主体的に変わっていくことが求められる。現場が変われば、組織は変わる。

本書を通じて、1人でも多くのビジネスパーソンが製品・サービスの「広め方」を学び、日本発のイノベーションへとつなげていってくれたなら本望である。

序章

日本にとって中国は絶好の比較対象

第1章

加点型マーケティング

出る杭は打たず、さらに伸ばす

第2章 未来型共創マーケティング パートナーとつながり、未来をつくる

第3章
ブルーポンド戦略
ポンド（池）をつくり、オーシャン（海）へと広げる

第4章

ブリッツスケール 高い目標を掲げ、急拡大させる

終章 リープ・マーケティングを現場へインストールする

序章

日本にとって中国は絶好の比較対象

再認識すべき中国ビジネスの強さ

ケンタッキーの衝撃

「これではまるで、途上国から先進国に来たみたいだ」

2019年の夏、中国の地方都市、南通（ナントン）のケンタッキー・フライドチキンの店を訪れたとき、強烈な衝撃を受けた。中国ではケンタッキーはマクドナルドよりも人気があり、その日も店内は大勢のお客で賑わっていた。しかしよく見てみると、レジに並んでいるお客は1人もいない。レジ付近にいる数人のスタッフは商品の受け渡しだけを行い、会計をしている様子がまったくない。それもそのはず、すべてのお客がすでにスマートフォンで注文と支払いを済ませていたからだ。

お客は、まずアプリ「ウィーチャット」でケンタッキーを「友人」登録しておく。そしてケンタッキーが食べたくなったら、店に入って席に座り、ウィーチャットで注文と決済を行う。アプリに商品出来上がりの通知が届いたら、レジへ受け取りに行くだけだ。あるいは、あらかじめ注文・決済を済ませておき、出来上がり通知を確認してから店に向かえば、待ち時間なしで受け取ることも可能である。

中国では、こうした「現金0・行列0・待ち時間0」の光景が、すでに当たり前のものとなっていた。そして、これはケンタッキーだけでなく、マクドナルドやバーガーキングなどのファーストフード店、スターバックスやラッキンコーヒーなどのカフェにおいても、当然のサービスとして浸透していた。それも、北京や上海の大都会の話ではない。中国国内でGDP第18位にすぎない地方都市においても、である。

ケンタッキーで受けた衝撃は、じつは氷山の一角にすぎない。ケンタッキーを訪れる数日前、上海浦東国際空港に到着した私は、迎えに来てくれた知人の車に乗り込んだ。するとその知人は駐車場料金をさっそくウィーチャット・ペイで支払っていた。それだけではない。高速道路の料金所もガソリンスタンドも、あるいは電車でもバスでも、広大できれいな食品スーパーでも、泥でぬかるんだファーマーズマーケットでも、屋台でもレストランでも、百貨店でもホテルでも、ありとあらゆる場所でスマホ決済が行き渡っていたのである。ウィーチャット・ペイとアリペイの2つを使えるスマートフォンを持っていなければ、自由に買い物も移動も宿泊もできないほどだ。それほどの水準で、キャッシュレスとモバイルオーダーがすみずみまで浸透した社会が、中国ではすでに実現されていた。

見落とされてきた中国の「広める力」

2年ぶりに中国を訪れた筆者は、このように「途上国から先進国に来た」感覚を強く植えつけられてしまった。2020年時点、日本のファーストフード店、カフェ、フードコートなどでは、いまだに長蛇の列が当たり前の風景だ。アプリから注文・決済を行うモバイルオーダーのサービスは各所でリリースされてはいるが、あまり普及・浸透できていないのが現状だ。また、都心で暮らす20代から40代を中心に、キャッシュレス決済は広まりはじめているものの、こちらもまだまだ限定的である。

キャッシュレス受け入れ派と現金主義派の二極化がはじまっている現状では、中国のようにキャッシュレスが日本全国の老若男女に浸透している未来を思い描くのは難しい。日本では、キャッシュレス、モバイルオーダーの仕組みをつくることはできても、消費者の日常のライフスタイルにまで広く普及させ、深く浸透させることはできていないのだ。

端的に言って、日本は、つくれても広められない。一方、中国は、つくれて広められる。キャッシュレスやモバイルオーダーに象徴される、こうした現状は、アプリ・サービスに限らず、スマートフォン、家電、ドローンなど、ほかの多くの領域にもあてはまる。これまで「中国のビジネス」の話題になると、決まって資金力やテクノロジーばかりがクローズアップされてきた。しかし、それだけでは中国ビジネスの深層を解き明かすことはできない。解明するためには、「大きくなる力」や「開発する力」以上に、中国の「広める力」（マーケティング）にこそ焦点を合わせる必要があるのだ。

事実、中国の「広める力」は、現在進行形で進化し続けている。2019年の夏、食品スーパー「フーマフレッシュ」など、アリババ系列の施設でちらほらと目にした顔認証決済は、冬にはもう急拡大している。2019年の中国は「財布がなくても、スマホがあれば何でもできる」社会だったが、2020年の中国は「スマホがなくても、顔認証で何でもできる」社会へと更新されていくはずである。新しい「当たり前」がつくられ、広められていく速度が、中国は世界のなかでも飛び抜けて速い。中国人でさえ、1、2年国外にいたら、本土の変化についていけなくなるほどだ。

中国は、いまでも自らを「発展途上国」と称しているように、ハードやインフラなどの不備は少なくない。しかし、デジタル・イノベーションとマーケティングの領域においては、疑いなく世界最先端を突き進む「先進国」なのだ。

最先端のイノベーションを輩出するベンチャー大国

この20年間、日本のビジネスが成長を止めてしまったのに対して、アメリカは2倍強、中国は10倍強にGDP（国内総生産）を増加させてきた。2020年現在では米中日は世界経済の3強となっているが、その差は大きい。トップの座を堅持する「規模と質のアメリカ」、それを猛追する「圧倒的な勢いの中国」、そして大きく離された「停滞する日本」というのが実情だ。イギリスの金融機関「スタンダード・チャータード」によると、2030年までには、中国がトップの座を奪い取り、2位にはインドが躍り出てきて、アメリカは3位に後退すると予測されている。[*1] そのとき、日本は9位にまで落ち込むとされている。

実際、すでに中国とアメリカの逆転の兆候は見えてきている。アメリカの経済誌『フォーチュン』では、毎年、世界の企業格づけ「フォーチュン・グローバル500」を発表している。1990年から行われてきたなかで、2019年に初めて、ランクインした企業数のトップが中国（129社）、2位がアメリカ（121社）となった。[*2] また、全米科学財団の報告によれば、2018年における世界の科学技術論文数で、トップは中国の約53万本（世界シェア約21％）、次点がアメリカの約42万本（約17％）、そして大きく差がついて、インド、ドイツ、日本（約10万本、約4％）と続いている。[*3] これは、今後の科学技術力の指標となるものである。

世界トップへ向けて突き進む中国ビジネスの成長エンジンとなっているのは、デジタル・イノベーションを輩出するベンチャー企業群だ。

中国は1980年から2010年まで、10％以上の経済成長率を維持した高度成長を続けたが、2010年以降は一桁台に落ち着きを見せた。そこで、長く続いた高度成長から、「新常態」と称する中程度の安定成長へと方針転換をして、より質と効率を重視するビジネスを奨励していくようになった。その象徴となったのが、2015年に掲げられた「大衆創業、万衆創新（大衆の創業、万人のイノベーション）」である。中国では、ベンチャー起業とイノベーション創出の「双創（2つをつくり出す）」を、国をあげて促進している。

2000年前後から、次々とITベンチャーが起業し、中国経済は新陳代謝が加速している。それまでの中国市場は、国の所有する国営企業によって長く支配されていたが、ベンチャーによる破壊と開拓が進み、2019年の中国国内の企業価値トップはアリババ（1999年創業）、2位はテンセント（1998年創業）と、いずれも民間のベンチャーが成り上がっている。厳密には、通信・金融・航空・エネルギーといった国の基幹産業は国営企業、消費者の生活に関わるサービスはベンチャー企業、という役割の棲み分けがなされている。

ベンチャーのなかでも、創業から10年未満に10億ドル（約1100億円）以上の企業価値へと飛躍を遂げた未上場企業は「ユニコーン」と呼ばれる。もともとは滅多に現れない存在として伝説上の動物の名がつけられていたが、現在の中国には多くのユニコーンが生息している。2019年11月、中国の調査機関「胡潤研究院」の発表によると、世界には494社のユニコーンが存在し、そのうち実に83%が米中に偏在している。[*4] ユニコーンの企業価値トップ3は、アントフィナンシャル、バイトダンス、ディディと、いずれも中国ベンチャーが占める。総数においても、中国ベンチャーが206社、米国ベンチャーは203社となっている。ユニコーンの所在都市では、最多が北京（82社）、2位以降はサンフランシスコ（55社）、上海（47社）、ニューヨーク（25社）、杭州（19社）、深圳（18社）と続いている。

この「北上杭深」と呼ばれる4都市のベンチャー集積地を起点として、中国ではデジタル分野に特化したイノベーションが続々と誕生している。先述したキャッシュレスやモバイルオーダー、顔認証、そしてAI（人工知能）などの分野では、明確に世界をリードしており、さらに無人店舗、自動運転、スマートシティなど、革新の試行錯誤が続けられていっている。たとえば、2019年10月時点で、すでにドローンによる配送が実証実験ではなく、本サービスとして運用されている。[*5] 中国ベンチャーのアントワーク社は、杭州に5カ所のドローン発着場を整備し、飲食物の配送サービスを実施している。これまでに2万回以上のドローン試験配送実績を持ち、政府からの営業許可を得たことで、今後数年で国内100都市へとサービス拡大を計画している。

コロナの時代のイノベーション

２０２０年現在、中国における世界最先端のデジタル・イノベーションは、２０１９年の年末からはじまった新型コロナウイルスの感染拡大をきっかけに、停滞するどころか、より一層その発展速度を加速させている。[*6]

初発流行地とされる武漢をはじめ中国各地で人から人への感染を防ぐため、無人運転車による巡回、清掃、消毒、配送が実施された。これは無人運転技術のまたとない実践・発展の機会になったに違いない。また、集団感染を防ぐため、企業や学校では自宅でのリモートワークとオンライン授業がすぐに開始された。そのツールとして、アリババの「釘釘（ディントーク）」、テンセントの「企業微信（ビジネス向けウィーチャット）」、バイトダンスの「飛書（フェイシュー）」は、それぞれユーザー数を爆発的に増やしている。これらのサービスには、リモートワーク中の女性が自宅でわざわざ化粧をしないでいいように映像内の顔に自動で化粧加工をしてくれるＡＲ美顔機能があり、細かなニーズにも応えている。大学はもちろん、小学校、中学校、高校において、60歳近い教員たちですら一斉にオンライン授業を実行した。こうしたツール普及と経験蓄積は、働き方改革と教育改革を飛躍的に進めることにつながるだろう。

加えて、長い自宅待機期間にはスマートフォンを利用する時間が大幅に増加することになる。そのため、SNSやゲームのアプリはユーザー数、利用時間、課金額を大幅に増やした。もともと盛んだったオンラインショッピングとフードデリバリーは、生活になくてはならないサービスにまで普及・浸透を進めることになった。フードデリバリー最大手の美団点評（メイチュアン・ディアンピン）は、配送員と消費者が非接触で食品の受け渡しができるよう、専用の宅配ボックスを設置して安全性の確保に努め、消費者からの信頼を集めた。上海の百貨店、上海万象城（The Mixc）は、ウィーチャットでVRショッピングが楽しめるサービスをリリースした。ほかにも、医療現場におけるオンライン医療、医療ロボット、AIによる画像診断や体温検査、医療従事者や患者向けにロボットが料理をつくる無人フードトラックなど、毎日のようにさまざまな場所で新たなデジタル・イノベーションが起こっている。

中国が「世界の工場」と呼ばれたのは昔の話だ。現在の中国は「世界の生産兼研究開発拠点」である。無数のベンチャー企業がトライ＆エラーを繰り返しながら、世界最先端のデジタル・イノベーションを輩出していく「世界のイノベーション実験場」だ。そしてその裏には、同じく最先端のマーケティング戦略が隠されているのだ。

アメリカよりも、中国を見るべき理由

固定化され続けてきた欧米重視と中国軽視

日本の企業・ビジネスパーソンにとって、あらゆる面で「お手本」とされてきたのは欧米企業だった。なかでもマーケティングに関しては、アメリカで提唱された理論・フレームワークばかりがフォローされ続けている。その理由は、アメリカが世界のビジネスをリードし続けてきたという点もあるが、そもそも日本における「マーケティング」という概念がアメリカから輸入されたものだという事実が大きい。

1900年代、アメリカの大学講義や学会報告において「マーケティング」というキーワードが使われはじめ、1937年にアメリカ・マーケティング協会が発足された。これ

は、現在でも世界最大のマーケティング研究組織となっている。そして、戦後の1955年、日本生産性本部によるトップマネジメント視察団のアメリカ派遣をきっかけに、「マーケティング」という言葉と概念が日本に輸入された。それ以降、日本は「アメリカの先端的なマーケティングを学び、少し遅れて実務に取り入れる」というのを繰り返し続けている。数年前からよく聞く「オープン・イノベーション」や「リバース・イノベーション」「ブルーオーシャン戦略」「プラットフォーム戦略」などは、いずれもこの流れで取り入れられたものだ。

筆者はあるとき、研究の場で次のようなアドバイスを受けたことがある。

「日本の研究者は、むやみにオリジナルの理論を提唱すべきではない。世界のマーケティング研究の本場であるアメリカで注目を集めている理論にアンテナを張り、それをいち早く取り入れて、発展させるような研究を進めていった方がいい」。

マーケティング研究において、このアドバイスは日本に限らず、世界の多くの研究者にとっての常識といっても過言ではないだろう。日本では、オリジナル信仰が強い傾向もあるが、明確にアメリカをフォローすることが正道とされてきた。まさしく「マーケティングといえば、アメリカ」なのである。

一方、日本は中国を「下請け」として軽視し続けてきた。日本が高度成長を続けていた頃、中国は遥か格下の存在だった。そして、1990年代からは、安価な労働力を提供してくれる便利な下請けとして取引をしてきた。安かろう悪かろうの「メイド・イン・チャイナ」と、安心と信頼の「メイド・イン・ジャパン」。こうした過去のイメージは、先入観として固まってしまう。モノもサービスも「中国は日本から数十年遅れている」という感覚は、40~50代以降を中心に多くの日本人のマインドを現在でもなお支配し続けていることだろう。「中国は日本が学ぶべき相手ではない」と決めつけて、下に見てきたのだ。中国ビジネスの急成長を横目に見ても、「ただ単純に、規模にものをいわせて大量生産・大量消費を進めているだけ」と分析せずに判断し、中国にはマーケティング戦略がないかのように考えてきたのだ。

しかし、デジタル・イノベーションを高速に輩出していく中国の躍進に、世界が注目しはじめている。アメリカは、中国ベンチャーが急成長を続ける背景を分析し、中国のマーケティングのエッセンスを学ぼうとしている。あの「マーケティングの元祖・アメリカ」

が、である。

２０１９年の春、アメリカのハーバード・ビジネススクールが発行する研究誌『ハーバード・ビジネスレビュー』に掲載された論文では、次のような主張が展開された。

「これまで、欧米のマーケティングには普遍性があり、そのマーケティングは世界中のビジネスにあてはめることができると考えられてきた。しかし、中国のマーケティングは、それが誤りであると確信させるものだった。中国は、欧米のマーケティングよりも、速く、安く、効果的な、独自の中国式マーケティングをつくりだしている。固定観念に染まった欧米のマーケターは、中国のマーケティングからもっと学ぶべきである[*7]」。


これはちょうど１９８０年代の日本のバブル期に、アメリカが日本企業から学ぼうとした図式によく似ている。当時、自動車や家電を筆頭に、日本企業は「ジャパン・アズ・ナンバー１」と称され、多くのアメリカのマーケターから注目を集めた。トヨタや日産、ソニーなどから日本独自のマーケティング戦略を学ぼうとしたのだ。その対象は２０２０年代から本格的に中国になる。いまアメリカは、中国から学び取ろうとしている。それにもかかわらず、いまだに日本はこの事実から目を逸らしたままだ。中国について「どうせ、じきにダメになる」と20年間言い続けてきた結果が、現在の差である。世界が中国に注目しているなか、過去のイメージに囚われたままの日本人だけが置いてきぼりになっている。だが皮肉なことに、日本企業こそ世界中のどの企業よりも率先して中国に学ぶべきなのだ。

日本の比較対象として最適な中国

これまで、ビジネスに限らず日本は多くの面でアメリカを比較対象としてきた。しかし、中国と比較することによってこそ、日本の価値と課題をより鮮明に浮かび上がらせることができる。なぜなら、日本と中国は「両極端な存在」だからだ。日本と中国は、それぞれ対照的で極端な特徴を持っているからこそ、比較することで両者の価値と課題が際立つ（図1）。

まずは、「人づきあいにおける教え」について、日本と中国は真逆だ。親が子に、目上の者が下に教える根本的な価値観として、日本では「人に迷惑をかけるな」と教えられる。「他人様に迷惑をかけないように」「言われたとおりに」「ルール通りに」「ちゃんとしなさい」。他者・周り・環境に合わせることが重要視されやすい。日本人ほど、既存ルールをよく守り、他者を観察して歩調を合わせようとする人種は、世界でも他にいないだろう。一方、中国では「人にだまされるな」と教えられる。「本当にそうだろうか」「もっと上手い方法があるのではないか」「他人はそう言うけれど、自分はこう考える」。他者の言うことを鵜呑みにするのは危険で、自分・身内の適切な判断が重要視されやすい。

　美徳についても実に対照的だ。日本では「足るを知る」が美徳とされる傾向にあ

図1:日中の「極端さ」の比較

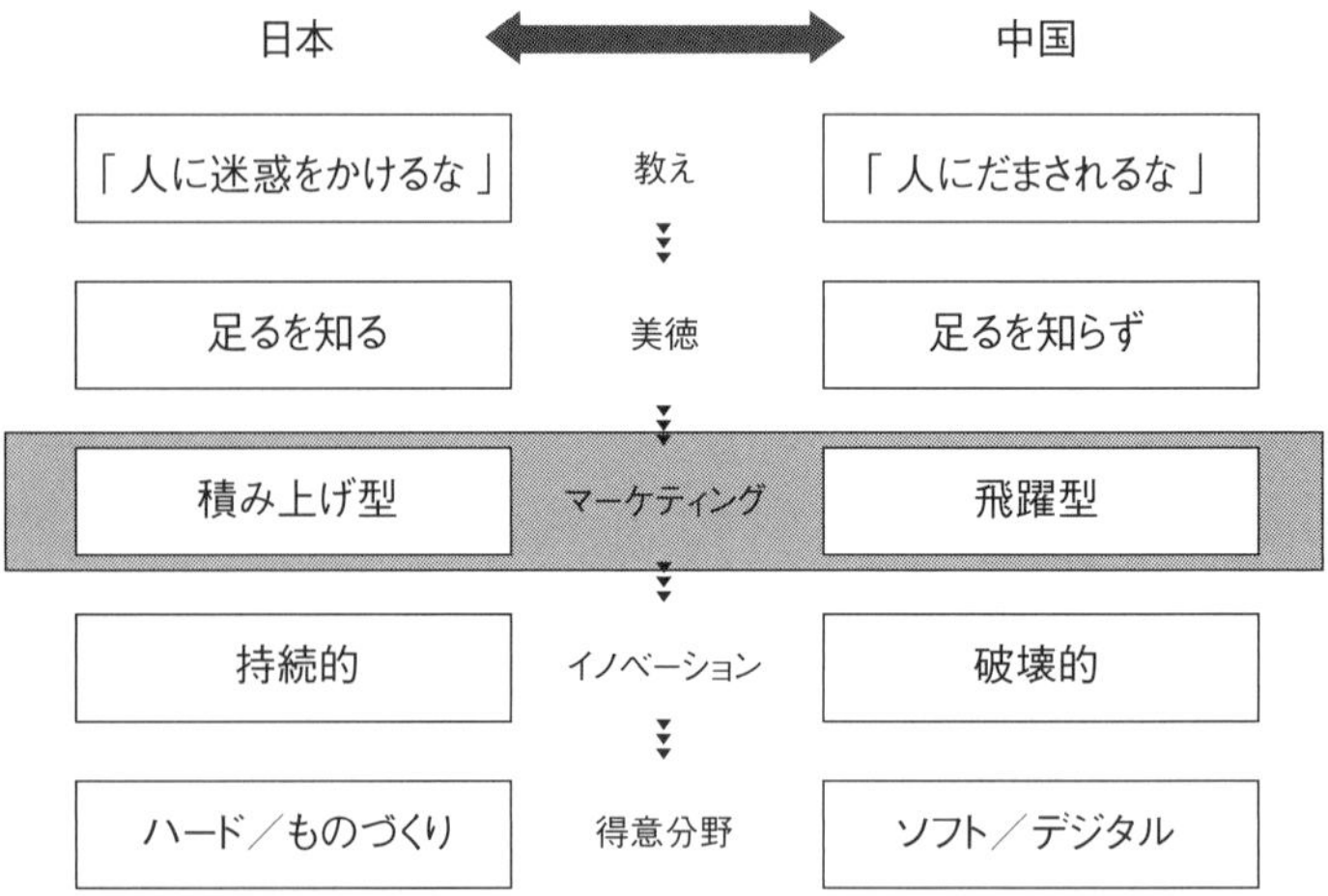

出典:筆者作成

る。「自分にはこれで十分」「私にはもったいない」「もう現状で満足だ」。現状のよさに気づき、分相応の現状に満足するのがよしとされやすい。反対に、中国では「足るを知らず」の上昇志向こそが大切にされている。「もっと上へ」「もっと豊かに、便利に」「よりよい暮らしを」。現状に甘んじず、1つの目標をクリアしたら、今度はさらに上の目標に向けて走り出す。足るを知らないために、身の程知らずや、根拠のない自信にあふれた中国人も少なくない。しかし、だからこそ成り上がっていく成功者が出てくる。どちらがイノベーションを生み出しやすいか、一目瞭然である。

こうした教えや美徳は、人間の価値観を形成し、人間が主体かつ対象となるマーケティングにも大きな影響を与えていく。日本のマーケティングは、前例主義の積み上げ型といえる。アイデア出しも意思決定も、開発もプロモーションも、前例にのっとったうえで積み上げられる。よほどの理由と確信を持てない限りは、これまでの前例から逸脱した、リスクが高く冒険的な手は打たない。対照的に、中国のマーケティングは前例更新主義の飛躍型だ。「前例・通例ではこうしている」という情報を踏まえたうえで、より速く新しい方法を試していく。リスクが高く、外れも大きいが、その分当たりも大きい。

中国のコーヒー・チェーンのラッキンコーヒーは、わずか1年間で2000店舗以上の出店を実現させ、先進的な中国ベンチャー界でも「クレイジー」と称される急成長を続けた。

酒メーカーの習酒（シージォウ）が、テンセントと手を組んで行った広告キャンペーンは、2017年の旧正月シーズンを通じて、毎日120万人以上がクリックする成功を収めたが、キャンペーンの立案・作成・実行自体は、なんとわずか5日間で行われたものだった。

2020年の旧正月では、新型コロナウイルスによって公開予定だったすべての映画の上映が延期された。しかし、その翌日には、中国ベンチャーのバイトダンスが、映画『囧妈（ロスト・イン・ロシア）』を6・3億元（約100億円）で買い取り、自社アプリでの無料配信を実現させた。[*8] この無料配信は3日間で6億回以上の視聴数を記録し、ユーザーからは32万件もの感謝のコメントが寄せられた。これによって、バイトダンスは絶大な広告効果を発揮するとともに、アプリのユーザー数拡大、ブランドイメージ向上を劇的に進めることに成功した。

こうしたマーケティング手段の傾向は、成果であるイノベーションを特徴づけていく。前例に基づき積み上げていくマーケティングを行う日本では、既存プロダクトの延長線上で、コツコツと改善・改良が重ねられる。時間をかけて、よりよいプロダクトを目指す、持続的イノベーションが生み出されやすい。それに対して、中国では飛躍型のマーケティングに基づき、既存の延長線上からは外れた、新しく挑戦的なプロダクトがつくられる。リリース当初は、「品質は最低限だが、新しくておもしろい」プロダクトが、市場の反応を受けて、一気に性能を向上させ、既存ライバルを倒していく、破壊的イノベーションが生み出されやすい。

その結果、日本と中国の得意分野も対照的となっている。日本は、お家芸として積み重ねてきたハードのモノづくりが強い。プロダクトの外側の、頑健性の高いモノづくりは、現在でも世界屈指の水準を誇る。安心・安全・信頼のモノは、高性能で壊れにくく、メンテナンス・サービス、人的サービスも競争優位となっている。反面、ハードの中に入るソフトについて、ＡＩやＩｏＴといったデジタル領域で日本は大きく出遅れている。中国は、きれいに真逆で、ソフトに強く、ハードに弱い。デジタルのモノとサービスに関しては、世界最先端を進むほどに強い。一方、外側のハード面、インフラ設備、メンテナンス、人的サービスについては、まだ弱い。どちらも強みを伸ばし、弱みを埋めるよう取り組んでいるが、現時点では、日中のビジネスはおもしろいほどに好対照な特徴を持っている。

教えや美徳といった価値観は、マーケティングの特徴を導く。そして、マーケティングが、ビジネスの成果であるイノベーションや得意分野を形づくっていく。本書では、こうした価値観からビジネスの成果へ続くフローを基に、中心にあたるマーケティングに迫っていく。

飛躍を生む「リープ・マーケティング」

「リープ・フロッグ」と呼ばれる言葉をご存じだろうか。直訳すると「カエル跳び」だが、これは「段階を飛び越えて一気に、飛躍的に普及が浸透する現象」を指す。固定電話のない社会にいきなり携帯電話が普及したアフリカ、ハイブリッド車を飛び越えて電気自動車が普及しているインド、そして、パソコンの普及を経ずにスマートフォンが普及していった中国などが好例だ。

中国のマーケティングは、まさしくリープ（飛躍）を実現させている。これまでの当たり前・常識では考えられない速度でプロダクトを広めるマーケティング。欧米型のマーケティングと、それに追従する日本のマーケティングでは到底考えられない「広め方」。本書では、これを「リープ・マーケティング」と定義し、具体的な4つの戦略を抽出し、解説を加え、日本企業が実際に取り入れるための方策を紹介する。

具体的には、①加点型マーケティング、②未来型共創マーケティング、③ブルーポンド戦略、④ブリッツスケールという4つの戦略について、それぞれ3つの階層へと構造分解を行う（図2）。

図2：リープ・マーケティングの4つの戦略と3つの階層

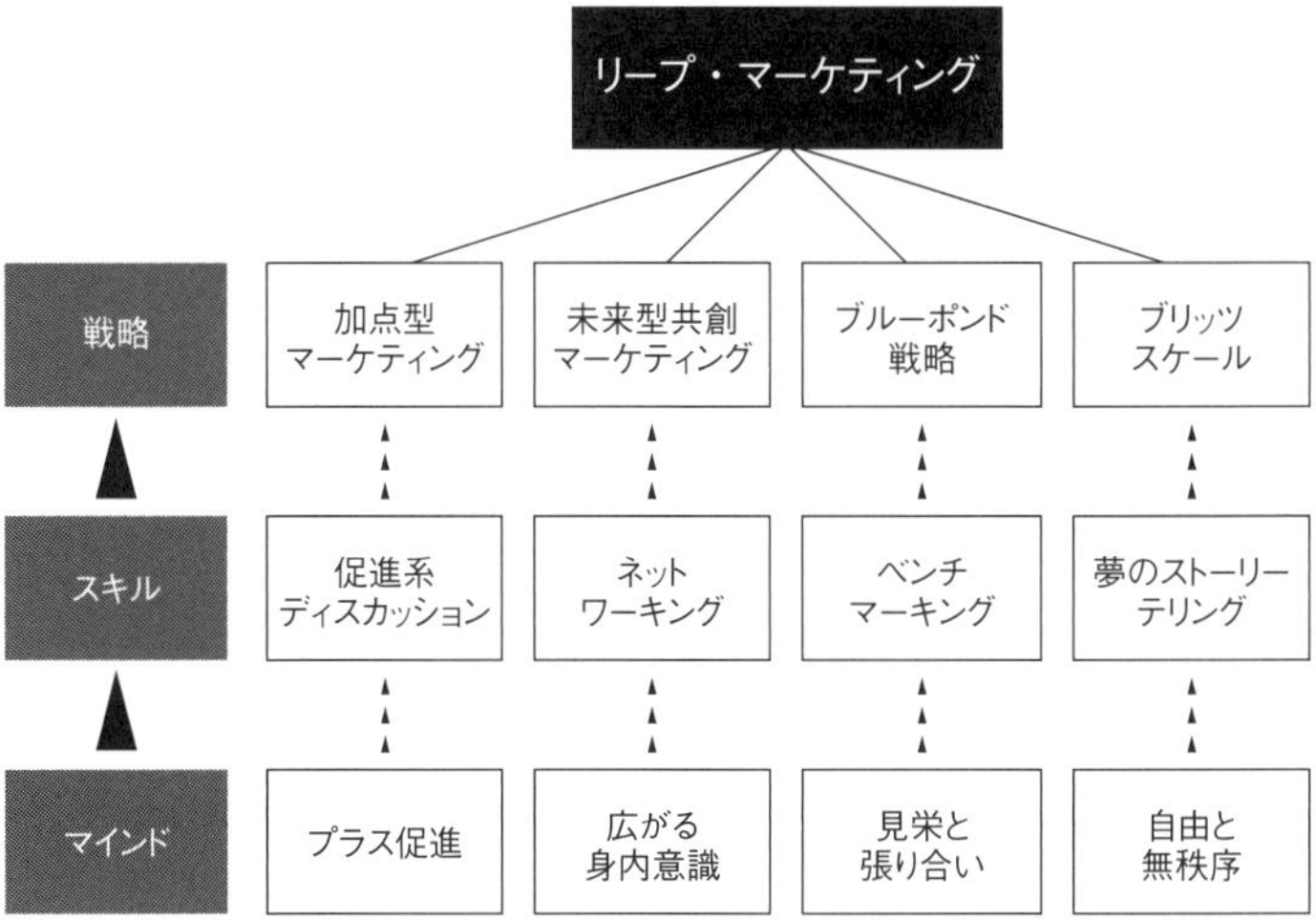

出典：筆者作成

土台となるのは、文化と教育を通じて人に根づくマーケティング・マインドだ。次に、マインドがあることで可能となるノウハウとして、人と組織に浸透するマーケティング・スキルがある。そして最後に、マインドとスキルがあることで真の効果を発揮できるようになるマーケティング戦略がある。次章からは、リープ・マーケティングの4つの戦略について、1つずつ「戦略」「スキル」「マインド」へとさかのぼりながら構造を分析し、日本企業が学ぶべき点を提示していく。

それでは、56民族・14億人が内在し、世界最速・最大規模で変化を続ける、中国という「近くて遠い国」の新時代の「広め方」、リープ・マーケティングについて解き明かしていこう。

序章まとめ

- 中国はデジタル・イノベーションとマーケティングにおいて日本の先を行く「先進国」
- マーケティング大国アメリカさえも中国ベンチャーに学ぼうとしている
- 日本企業こそ、価値観や得意分野が対照的な中国ベンチャーに学ぶべき
- 中国の「リープ・マーケティング」は、「戦略」「スキル」「マインド」の3層構造

注釈

＊1 Business Insider「早ければ2020年にも！ アメリカが世界ナンバー1の経済大国でなくなる日は近い」を参照。
https://www.businessinsider.jp/post-183133

＊2 FORTUNE「It' s China' s World」を参照。
https://fortune.com/longform/fortune-global-500-china-companies/

＊3 statista「The Countries Leading The World In Scientific Publications」を参照。
https://www.statista.com/chart/20347/science-and-engineering-articles-published/

＊4 胡润百富「胡润研究院发布《2019胡润全球独角兽榜》」を参照。
http://www.hurun.net/CN/Article/Details?num=E7190250C866

＊5 百度「无人机送外卖合法了，但感觉未来5年内很难普及」を参照。

http://baijiahao.baidu.com/s?id=1647723694782018735

＊6　中国ビジネスラボ「新型肺炎⑧　武漢の防疫体制は、無人オペレーションの壮大な実験場に、テクノロジーの近未来が見えてきた?」を参照。

https://lxr.co.jp/blog/9066/

＊7　キンバリー・A・ホイットラー「アウェアネスとエンゲージメントを構築する最先端のマーケティングを中国から学ぶ」（2019）の主張を、筆者による要約として利用。

＊8　36Kr Japan「新型肺炎で上映中止の春節映画『囧妈』、バイトダンス系プラットフォームでの再生回数が6億回を超える」を参照。

https://36kr.jp/51152/

第1章

加点型マーケティング

出る杭は打たず、さらに伸ばす

加点型マーケティング

加点型で理想のプロダクトを実現する

中国ベンチャーの飛躍の原動力となっている「リープ・マーケティング」。その具体的な4つの戦略について、ここからは分析していこう。

まず1つめは、加点型マーケティングだ。その本質は、「尖ったアイデア」を切り落とすことなく、その特長を伸ばすことで「新規性の高い魅力的なプロダクト」へと大きく育て上げる戦略である。反対に、多くの日本企業に浸透しているのが、加点型マーケティングの反対に位置する減点型マーケティングである。これは、「尖ったアイデア」の角を取っていき、「無難だが新しい魅力に乏しいプロダクト」へと縮小させていくものだ。

ここで「中国はいい加減で雑なだけだが、日本は緻密で慎重な完璧主義なんだ」と思ったとしたら、認識を改めなければならない。確かに、石橋を叩いて渡るような日本のビジネスは、「最初から完璧」を目指す。しかし、それはあくまで減点型の完璧である。減点型マーケティングでは、尖ったアイデアの、新しくておもしろいが、リスクや穴のある要素は、早期に取り除かれやすい。日本の企画会議などでよく耳にするのは「万が一、こんなことが起きたら」「それは前例がないから危ない」「成功する保証がない」といった言葉だ。そうして、魅力的に発展しうる要素を切り捨て、安全・無難で、これまでの延長線上の少し先にあるような、小さくまとまった新商品へ仕上げていく。身に覚えのある方も多いことだろう。

また、開発・プロモーション・販売、いずれも前例に基づき、慎重に、時間と労力をかけて完璧なプランで新商品をリリースする。しかし、緻密なプランが事前につくられるため、最初の市場の反応が良くても悪くても、それが予想と違っていた際にすばやい軌道修正を行うことは難しくなる。

こうした減点型マーケティングは、世界の潮流に逆行するものだ。世界では、おもしろいアイデアが出てきたら、できる限り早くMVP（ミニマム・バリュアブル・プロダクト）に仕上げてリリースする。MVPとは、「最低限の価値を持った商品」を意味する。それを一度リリースしてみて、市場の反応を見る。そして販売と並行して、市場の反応がよかった要素はさらに伸ばし、悪かった要素は優先的に改善してバージョンアップしていく。このサイクルを競合他社よりも高速で実現させることこそが、勝負を分ける。だからシリコンバレーでは「最初のプロダクトが恥ずかしいものでないなら、それはリリースが遅すぎた証拠」とまで言われる。

実際、1995年にリリースされたアマゾンの初期ホームページや、2007年の初期アイフォンはいずれも粗削りだった。だが、MVPを市場に出してニーズを検証し、急速に水準を向上させ、ともに破壊的なイノベーションになったことは周知のとおりだ。

「完璧さ」には2種類ある

そもそもヒト・モノ・カネを持たずに0からはじまるベンチャー企業は、加点型でこそ発展を遂げられる。資源も実績もない0から成り上がるためには、加点型で自社ビジネスの可能性にかけるほかはないからだ。また、通常のベンチャーが“Get Big Fast”（速く、大きく）を志向するのに比べて、中国ベンチャーはさらに極端な“Get Crazy Big Fast”（クレイジーなほどに速く、大きく）を目指す。だからこそ、シリコンバレーの企業に比べても、より加点型に振り切れたマーケティング戦略を実行していくことができるのだ。

同じアイデアを思いついても、減点型は「価値の枝葉」を切り取るが、加点型では大きく育てていく。図3の下のルートを進む減点型マーケティングでは、おもしろいが危うく伸びそうな枝葉は早期に取り除かれる。そして、じっくりと時

図3：加点型と減点型の違い

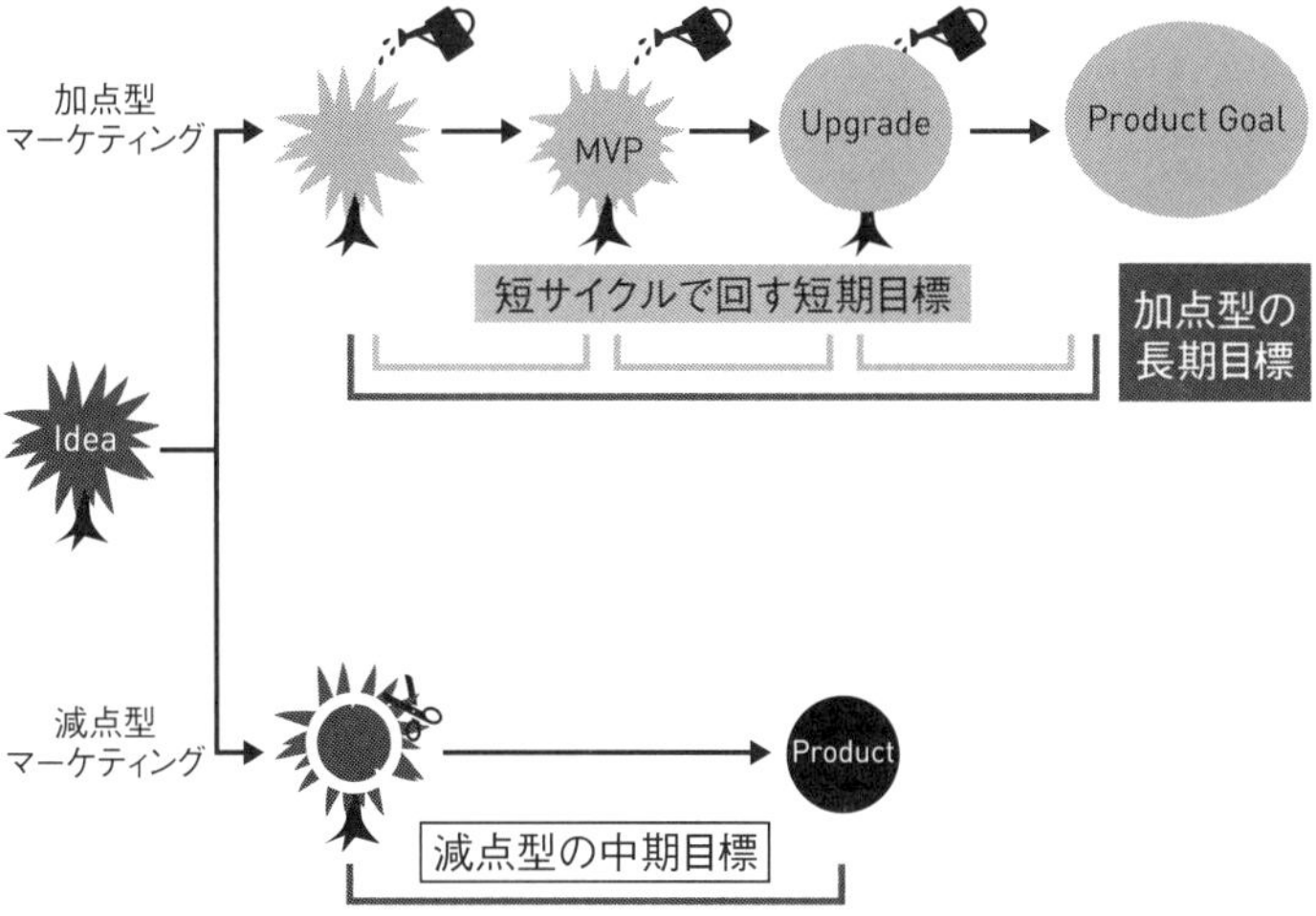

出典：筆者作成

間をかけて、きれいで小さなプロダクトへと磨き上げる。この減点型の中期目標に基づいて、1つのプロダクトをつくって広めることが、減点型マーケティングのゴールとなる。

一方、上のルート、シリコンバレーと中国ベンチャーが得意とする加点型マーケティングでは、尖ったアイデアを加点で評価し、その枝を活かしてプロダクトの価値を最大限に高めることを目指す。まず、尖った要素を価値として完璧に仕上げる理想形の「加点型の長期目標」が設定される。この長期目標は、プロセスに応じて、修正・更新ができるものだ。それとは別に、短サイクルで回す短期目標も設けられ、これに基づき、いち早くMVPをリリースしていく。そうして、市場の反応に対して迅速・柔軟に軌道修正を行いつつ、バージョンアップを重ねる。あるいは、初期の反応が悪ければMVPの段階で撤退することもできる。この段階ならばダメージは比較的小さく、手を引きやすい。すなわち、「最も効果的な市場調査とは、実際にリリースしてみること」なのだ。そして短サイクルに合わせ、開発とプロモーション、流通、販売、リサーチなどが連動していく。このサイクルを重ねた先に、理想として思い描いた「完璧なプロダクト」が実現される。

つまり、日本も、中国ベンチャーも、完璧を目指しているが、完璧さの種類が異なるのだ。日本は、1つのプロダクトに時間をかけて、器の中の「盆栽」のように減点型のミニマムな完璧をつくって広めようとする。それに対して中国は、完璧を目指すまでに、いくつものプロダクトをつくり、高速に発売・改良・バージョンアップを繰り返し、大地に根を張る「大木」のように加点型のマキシマムな完璧をつくって広めようとする。

「中国は雑」という認識は、短サイクルで回す短期目標の一部分を切り取って見た、近視眼的な解釈でしかない。大局で見れば、減点型では目指すことができない新しくて大きな価値を、加点型マーケティングは実現することができるのだ。

加点型マーケティングを実践するＤＪＩ

この加点型マーケティングを実践して急成長を遂げた中国ベンチャーとして、大疆創新科技（ＤＪＩ）を紹介しよう。[*1] ２００６年に学生ベンチャーとして誕生したＤＪＩは、２０１９年には、世界のドローン市場のシェア70％以上を握るリーディングカンパニーへ飛躍した。同社の製造するドローンは、世界100カ国以上で販売され、総売り上げのうち、北米市場、欧州市場、中国国内を含むアジア市場からそれぞれ3割ずつ、残り1割を南米・アフリカ市場から得ている、真のグローバル企業だ。

無人で遠隔操作・自動制御ができる航空ロボットのドローンは、撮影目的のほか、点検、農薬散布、セキュリティや救助など、用途の種類と需要を急拡大させている（図4）。民間だけでも市場規模は推定50億ドル（約5500億円）にのぼり、今後10年で3倍以上の拡大が見込まれる成長市場である。[*2] その成長市場のグローバル・トップに立つDJIの創業者、汪滔（フランク・ワ

図4：DJIのドローン

出典：筆者知人撮影

ン）氏が掲げる社訓は、「激極尽志、求真品誠（極限まで志のために尽くし、真実を追求し、製品に嘘をつかない）」という完璧主義だ。

フランク・ワン氏は香港科技大学へ進学し、2006年に大学院の同級生2名とDJIを創業した。当初、同社が製造・販売していたのは、ドローンの中核となる飛行制御システムのフライトコントローラーだった。共同創業者と離別し、知人・恩師を招いてチームを再編し、資金調達を経て、2009年に初の自社製品となるフライトコントローラーシステム「XP3・1」をリリースした。その後は、「ハードテックのシリコンバレー」と呼ばれる深圳に本拠地を置く強みを活かし、ドローン全体の製造へと舵を切っていく。

そうして2013年に発売されたのが、ドローン「ファントム」だ。リーズナブルな価格、組み立て済み、受け取ってすぐに空撮できる、という3つの強みを誇る白いボディのドローンである。ファントムは、ドローンとして一般利用できる最低限の性能を備え、当時として破格の679ドル（約67000円）でリリースされた。これは、それまで専門的な知識を持った業者やマニア向けだったドローンを、一般向けに大きく広げるヒット商品となった。そのインパクトは、米『フォーブス』誌で、「アップルのアイフォンを除けば、ファントムはもっとも人を感動させるプロダクトかもしれない」と評されたほどだ。

ＤＪＩは２０１３年のうちに、空中でのブレを防止し、空撮の精度を高めた「ファントム２」を即座にリリース。２０１５年には、飛行の安定性を向上させた「ファントム３」。２０１６年には、障害物の回避、対象の追尾などの機能を備えた「ファントム４」を次々にリリースしていった。初代機のリリースから3年の間に、空撮を体験できるロボットという初期段階から、バージョンアップを繰り返し、ドローン自体が情報処理を行うスマート・ロボットへ急速に進化させた。さらに、２０１６年には、折り畳み式で携帯可能な小型ドローン「マビック・プロ」をリリースし、ドローンをより広く、より手軽に、より便利に利用できるよう、市場を押し広げていった。

いまやドローンの代名詞にまでなったＤＪＩは、ビギナーからプロ向けまで、多種多様なシリーズを揃えている。エントリーモデルとしては、世界最軽量１９９グラムの折り畳み式ドローン「マビック・ミニ」や、約1万円で購入可能でプログラミング学習用にも使われる、手のひらサイズのドローン「テッロ」などがある。一方、最新の「ファントム４・プロＶ２・０」では、４Ｋ解像度の空撮が可能となり、最大30分間、最長４㎞を、５

方向の障害物を自動検知して飛行できる水準を実現している。土地管理用や農薬散布用などのシーンに特化した、さらに高性能な産業用の専門機も充実している。

ＤＪＩは、「完璧なドローン」という自社プロダクトの完成形・理想形を遥か先に掲げながら、まずは駆け出しのベンチャーとして生きていくために、できることからはじめて革新を目指した。フライトコントローラーにはじまり、ドローンの製造・改良・進化を短サイクルで回し続けている。新規アイデアが出れば、すぐにプロトタイプをつくり、可能性を信じてＭＶＰに仕上げ、量産し、高速でリリースする。その積み重ねによって、世界トップシェアを獲得するまでに至った。ＤＪＩの思い描く加点型の長期目標は、更新され続け、さらに先の未来へ置かれている。

スキル

促進系ディスカッション

信じて広げる中国、疑って立ち止まる日本

戦略だけを掲げてみても、それを実行する組織・人間にスキルが備わっていなければ、十分な効果を発揮できない。それでは、加点型マーケティングで成果を上げる中国ベンチャーは、どのようなスキルを兼ね備えているのだろうか。

加点型マーケティングにおいては、商品アイデアの尖った要素を会議で潰さずに、さらに伸ばしていく。MVPをリリースし、その後も短サイクルでバージョンアップを輩出していけるよう、開発・プロモーション・販売・リサーチを高速に実行していく。各プロセス、各部門で求められる専門性は1つひとつ異なるが、どの場面でも要求されるのは、促進系ディスカッションというスキルだ。

ビジネスパーソンの思考は、予防系と促進系の2つに分けることができる。[*3]

予防系とは、マイナスを回避して、問題のない状態を実現しようとする思考だ。物事の細かい負の側面に注目し、それらをいかに発生させないか、あるいはそこからいかに回復させるかについて考える。日本は、世界でも突出して予防系に偏った議論を行う傾向が強い。前述したように、開発やプロモーションの会議で新しい企画を出しても、「どんな問題が起きそうか」の議論に終始して潰されてしまう、という経験を多くのビジネスパーソンがしてきたことだろう。

たとえば、アイロボット社のロボット掃除機「ルンバ」がヒットしたとき、日本の家電メーカー各社は後追いの出足が大きく遅れた。その原因の1つに、「もしもロボット掃除機が和室の仏壇にぶつかり、万が一その衝撃で線香が落ちてしまって火事になったら、どう責任を取るのか」を問題視したため、という話がある。これが極端な話で済まないことは、多くの人が身をもってよく知っているはずだ。このように「リスクを疑い、足を止めて様子を見る」日本の議論は、予防系ディスカッションに偏っている。

予防系と対照的なもう1つの思考が、促進系である。促進系とは、プラスを促進させて、0から1、10、100へと高めていこうとする思考だ。物事の本質的な正の側面に注目し、それらをどうすればもっと高められるか、発展させられるかについて考える。中国に限らず、世界では促進系の思考の方が一般的である。そのなかでも中国ベンチャーは、まず「どんなおもしろいことができるようになるか」を議論する、促進系に最適な性質を持っている。

ロボット掃除機であれば、それが実現することでどんなよい未来を生みだせるか、を重視する。「省力で、楽にすみずみまできれいに掃除ができる」「共働きでも、毎日掃除ができる」「外出先から遠隔操作ができる」など、価値を最大化させるための具体策について検討していく。「プラスにかけ、可能性を押し広げていく」中国ベンチャーの議論は、促進系ディスカッションに重きを置いている。

リスクを見極め、可能性にかける

ここでは一概に予防系が悪で、促進系が正しい、と二極化するわけではない。どちらにも良し悪しはある。詳しくは後述するが、予防系が有効な分野も確実にある。しかし、促進系からでなければ生み出すことができないプロダクトも数多く存在するのは事実だ。

たとえば、中国の深圳にある食品スーパーでは、通路を自動で動く商品棚が利用されている。ちょうど、ロボット掃除機のように緩やかに動き回る商品棚だ。高さは180センチ程度で、上部には液晶画面で商品の広告動画が流れ、その下には4段の陳列棚に商品が並べられていて、壁やモノをよけながら亀のようにゆっくりと動く。お客が近づくと止まるため、商品を見たり、手に取ったりすることができる。「おもしろい」「珍しい」と多くのお客が足を止めて、商品をカゴに入れたり、写真を撮ってSNSに投稿したりしている。販売・宣伝に効果的な店頭マーケティングである。これは、促進系ディスカッションから、「おもしろい！　やってみよう！」と出てきたものだ。予防系ディスカッションでは、「万が一、子どもにぶつかったらどう責任を取るのか」の一言で消されてしまうだろう。

イノベーションを生み出すためには、トライ＆エラーが不可欠となる。アイデア・プロダクト・事業のスクラップ＆ビルドを容認したうえで、促進系でアイデアを出し、議論し、意思決定を高速に行い、可能性にかけて広げる取り組みが重要だ。2016年12月、アマゾンが無人コンビニ「アマゾン・ゴー」をはじめると、即座に中国でも無人コンビニが次々とつくられた。そして、その多くが失敗を経験した。こうした話を聞くと、「やっぱりダメだった」「まだ手を出さない方がいい」と反射的に思う人が多いだろう。しかし、繰り返しになるが、中国の加点型マーケティングでは、短サイクルの1つのプロダクトでの成功を最終目的にしていない。MVPに仕上げたら、とにかく速くリリースし、市場の反応を確認して、改善・再リリースを繰り返す。その試行錯誤の果てに、完璧なプロダクトを目指すという加点型の長期目標がある。数年後、中国に無人コンビニが普及したとき、評価は一変するはずだ。

加点型マーケティングを進めていくうえで、促進系ディスカッションは不可欠のスキルとなる。そして、これは単純なプラス思考ではない。リスクを見極め、ダメージの大きさを踏まえたうえで、それでも価値の可能性にかけて、価値を押し広げていく。その思考を持ち続ける、という重要なスキルだ。

欲ばった価値を実現させたフーマフレッシュ

促進系ディスカッションを進めることによって、プロダクトの価値を欲ばれるようになる。ここでは、欲ばった価値を実現させた世界最先端の食品スーパーについて紹介しよう。世界中のマーケターからの視察が殺到しているそのスーパーの名は、アリババ発の「盒馬鮮生（フーマフレッシュ／以下、フーマ）」だ。[*4]

中国ベンチャーの先頭を走るアリババは、企業間取引の「アリババ・ドット・コム」、企業と消費者が取引する「天猫（Tモール）」、そして消費者間取引の「淘宝網（タオバオ）」と、中国のあらゆるEC（ネットショッピング）のチャネルを押さえ、なおかつ決済手段「アリペイ」を普及させることで、盤石の基盤をつくりあげている。そのアリババが現在進行形で進めているのが、フーマを起点とした、リアルとネットを融合させるニューリテール戦略だ。その速度とインパクトは、アマゾン・ゴーの比ではない。

フーマは、食品スーパー、イートイン・レストラン、EC向け倉庫・物流拠点、という3つの機能を融合させた店舗だ。2016年、上海の1号店出店から、主要都市へ出店を加速し、数年以内に2000店舗まで急拡大させる計画である。フーマでは、店舗の半径3km圏内に30万戸の家庭が存在することを出店エリアの選定基準とした、都市部限定のビジネスモデルを採用している。単位面積当たりの売り上げは、既存スーパーの約4倍で、そのうち50％以上を宅配ＥＣが占めているのが大きな特徴である。

1つめの食品スーパーとしては、フーマは専用アプリ「フーマ」と「アリペイ」決済でのみ買い物ができる会員制になっている。そうすることで、顧客データと購買データを結びつけ、詳細な顧客分析と需要予測に役立てている。ただし、中国では都市部の誰もがアリペイを利用しており、店ごとにアプリを使い分けることにも抵抗はないため、実際は誰でも利用できる店舗である。

品揃えの特徴は、豊富な海外輸入品、店内の水槽に生きたまま入れられた新鮮な魚介類、そして新鮮さを売りにしたプライベートブランド「日日鮮（ルールーシェン）」である。日日鮮の肉や野菜は、曜日ごとにパッケージの色が変えられている。つまり、毎日その日に仕入れた新鮮な食材だけを提供しているのだ。しかも、この店にはバックヤードの在庫はなく、その日に提供する商品はすべて店頭に並べられる。これは、ビッグデータを用いた正確な需要予測と物流網があってこそ実現できることだ。「海外では生卵は食べられない」という話はよく聞くが、「日日鮮の卵なら安心して生でも食べられる」と評判だ。

2つめのイートイン・レストランとしては、現地で「シーフードを食べたいときは、フーマに行く」が定番になっているほど本格的だ。淡水魚や貝、エビ、シャコ、カニといった豊富な海鮮は、水槽で生きたまま購入し、すぐに調理カウンターで調理法と味つけを指定して、ダイニングエリアで食べることができる。

そして3つめが、フーマの要となる、EC向け倉庫・物流拠点としての役割だ。フーマでは、店で買った商品でも宅配サービスを推奨している。さらには、店舗での購入よりも、アプリ上でのEC・宅配サービスを推奨している。店舗は商品を確認してもらうショールームの役割を果たせばいいと考えているからだ。

フーマの店内の天井には、宅配EC用のレールが設置されている（図5）。EC注文

図5：フーマフレッシュの天井のレール

出典：筆者撮影

が入ると、店頭に並んでいる商品をすぐに店員がそのまま専用バッグに詰めていく。店の商品棚はＥＣ向け倉庫の役割も果たす。注文商品が揃うと、バッグはクレーンへ載せられる。天井に続くレールで運ばれていく先の配送エリアには配達員が待っており、バイクですぐに家庭へ届けられる。店舗から半径３km圏内は、最短30分での配送が実現されている。

つまり、消費者は、店で買って自分で持ち帰る「通常購買」のほか、店で買って宅配を頼み、手ぶらで帰って自宅で受け取る「宅配購買」もできるし、ＥＣ注文して家で食材・惣菜を受け取る「宅配ＥＣ」もできる。すべて自分の思い通りに選ぶことができる。

革新的な生鮮食品のＥＣ

生鮮食品のＥＣは、どの国でも伸び悩む難しい分野だ。肉や魚、野菜や果物は、１つひとつ形や味に差があり、鮮度にも不安を抱かれやすい。結局は実際に自分の目で確かめたいから、店舗購買が選ばれ、ＥＣは信用されなかった。アマゾンの生鮮食品ＥＣ「アマゾン・フレッシュ」でさえ、思うような成果をあげられていない。それに対して、フーマは、「店で買ったことがある商品」「味と鮮度を信頼できるフーマの商品」として、安心して生鮮食品の宅配ECが選ばれている。あらゆる小売りにとって、オフライン（店舗購買）とオンライン（EC）、それぞれ単独では頭打ちになってきたなか、フーマは「ニューリテール」の名にふさわしい価値を生みだしている。

このフーマのビジネスモデルは、実現に向けた障害が多いビジネスだ。「店頭の商品をピックアップして宅配ECに利用するなんて、お店のお客様に失礼だ」「商品のピックアップ、レール配送、宅配の過程でトラブルが起きたらどうする」「店内の水槽で魚介類の鮮度管理をするのは難しいだろう」「仕入れ・物流管理は、本当に継続していけるのか」などなど。このビジネスアイデアが出てきたとき、予防系ディスカッションであれば、さまざまな角度からネガティブ・チェックが入れられ、実現は極めて困難になるだろう。

しかしフーマは、これだけ欲ばった価値を、ビジネスとして実現させることに成功した。これは価値を信じて広げる促進系ディスカッションだからこそ生み出せたものだ。生鮮食品だけがニューリテールのゴールではない。2019年の冬、深圳にオープンした「フーマモール」には、フーマフレッシュに加えて、カフェ「奈雪の茶」、ユニクロ、ファーウェイなど計60ほどのテナントショップが入っている。これらの店の商品も、フーマ専用アプリから購入・配送することができる。ニューリテールの革新は、まだはじまったばかりだ。

アリババの社訓の1つには、「因為相信，所以看見（信じているから、見ることができる）」がある。現状すでに見えている確かなことだけを信じていては、革新にはたどり着けない。価値の可能性を信じてこそ、まだ見ぬ革新を実現させて、目の当たりにすることができるのである。

マインド

プラス促進

無意識に根を張る2つのマインド

促進系ディスカッションを有効なスキルとして発揮するためには、あらかじめ、ベースとなる考え方が備わっていることが望ましい。中国ベンチャーの人間、つまり中国人に備わっている考え方。それは、プラス促進のマインドだ。

人間のマインドは、家庭や学校の教育を通じて、幼少期から無意識のうちに養われていく。日本で生まれて自然に年を重ねていけば、養われるのはマイナス回避のマインドだ。「人に迷惑をかけないように」と言われ、「(周囲と同じように)ちゃんと『いい子』になりなさい」と教育される。「(周囲とは違う)変なことはしないように」、飛び出た杭にならないように、親からも教師からも教えられる。だから、日本人のなかで「出る杭は打たれる」の固定観念は根深い。迷惑をかけないように、恥をかかないように、笑われないように。さまざまなマイナスを回避しようとするマインドが、知らず知らずのうちに浸透している。日本人は、意識的にプラス促進のマインドを持とうとしなければ、マイナス回避のマインドを偏重する傾向にあるのだ。

一方、中国人が養っていくのは、プラス促進のマインドだ。「人にだまされないように」「下に見られないように」と教えられ、安易に周囲へ合わせるのではなく、確固たる自分自身を強く持つことがよしとされる。だからこそ、自分なりの強みを見つけて高めていこうとする「出る杭は、さらに伸ばす」の価値観が強い。

飛び級制度は、その一例といえる。ある特定の分野で優れた能力があれば、年齢に関わらず、さらに上へ飛躍させる。日本では高校生未満の飛び級はできないよう規制されているが、中国では10代前半で大学にまで進学する子どもがちらほらといる。母数が14億人いれば、それに比例した一定数の人材が、飛び級で強みを伸ばし、それぞれの得意分野で活躍していることだろう。

とくに中国ベンチャーが飛躍的な成功を収めた2000年代以降、中国人のプラス促進のマインドは、より一層強くなっている。呼び水となったのは、馬雲（ジャック・マー）氏というモデルケースの存在だ。中国ベンチャーを代表するBAT3社のうち、B（バイドゥ）とT（テンセント）の創業者は、学歴・キャリアの高いエリート層といっていい存在だ。それに対して、A（アリババ）の創業者であるジャック・マー氏には、学歴もキャリアもなかった。彼は高校受験にも大学受験にも、就職活動にも失敗した。欧米への留学経験もなく、特別な血縁も強力な人脈もなかった。それでも、大学の英語講師という立場からわずか十数年で中国ビジネスのトップ、世界ビジネスのトップ10へ成り上がった。中国において、出自・血縁・学歴はもちろん重要だが、ベンチャーが活躍する社会になったことで「誰もが」「どこからでも」「どんな方法でも」成功を狙えるようになった。成功の種類も、成功への道のり・勝ち方も1つではなくなったのだ。

マインドの違いは、働き方を変える

慣習・教育を通じて養われたマインドは、社会に出たあとの働き方にも大きな影響を与える。マイナスを回避することが優秀である証拠、という考えに染まった学生は、ビジネスパーソンとしてもマイナス回避を志向しやすい。リスクが小さく、安定成長を続けると考えられる大企業に就職し、堅実なキャリアアップを目指す。また、多くの日本企業では組織の評価制度が減点評価で設計されているため、そこで働く社員は減点されないように、おのずとマイナス回避のマインドにますます偏っていく。

対照的に、プラス促進のマインドが行き渡った組織において「何も問題ない」は、問題意識に欠けていて挑戦的な改善を志していないことを意味する。「失敗経験がない」は、革新的なチャレンジをしてこなかった証拠となる。中国ベンチャーでは、ビジネスパーソンは成果主義の評価に基づき、能力の向上・発揮に集中し、トライ&エラーを通じて、結果としてどれだけの成果を達成するか、に注力する。周囲に合わせて生産性の低いサービス残業をするような発想は持ち合わせていない。

さらには、所属する企業がすべてではない。中国人は企業での評価とは別に、自らを自己評価して、得意分野で自由に稼ごうとする傾向が強い。所属企業の評価に満足せず、自分で強みを評価・発揮して、副業でも稼ぐ。不動産投資、ベンチャー投資、動画配信、転売など、その手段は多岐に渡る。手先が器用なら看板製作を請け負ってもいいし、語学ができるなら個別指導で稼いでもいい。日本では２０１８年を副業元年として働き方改革をはじめたばかりだが、中国では昔からすきま時間で自由に副業をすることが当たり前だった。それは自身の伸ばせる要素を稼げる強みに育てていこうとする、プラス促進のマインドに他ならない。

マインドの違いは、アイデアを変える

プラス促進とマイナス回避。２つのマインドの違いは、プロダクトアイデアの発想を変える。日常から教育や医療まで、さまざまな場面で人間がどう問題を認識し、どのように解決していくかが決定的に変わる。

たとえば、日常の食卓を想像してみてほしい。マイナス回避のマインドが強い日本では、食卓は「常にきれいに保つ」ことが重視される。「汚れる」というマイナスを回避することを重んじて、食事マナーや解決手段が検討される。だから、できるだけテーブルを汚さないようきれいに食べて、それでも汚れた箇所は、すぐに掃除・殺菌をする。その解決手段として、花王の「食卓クイックル」のようなプロダクトが普及している。

一方、プラス促進のマインドが強い中国では、まったく異なる解決手段が普及している。自由に美味しく、テーブルの汚れを気にせず食べたい。汚れは簡単に片づけたい。そうしたプラスを促進させるために、各家庭では、事前に薄いビニール膜をテーブルにしいておき、そのうえで好き放題に汚しながら食べることが多い。シャコや上海カニの殻は、無造作にビニールの上に直接置かれ、液体もこぼしておいていい。食事が終われば、テーブルからビニール膜をはがして、まとめて捨てるだけできれいなテーブルに元通りだ。「自由に汚して、あとから片づける」、シンプルで合理的なプロダクトである。

また、教育の場面では、中国では教育系アプリサービスの普及が速いことはご存じだろうか。[*6] そもそも、中国の多くの学校には部活動がなく、朝から晩まで勉強漬けだ。日本とは比べ物にならないほど激しい受験競争が行われるため、学習第一の環境になっているのだ。そのため、効率のよい学習をサポートしてくれるアプリの需要が高く、実際に人気を集めている。

その1つがバイドゥのインキュベーション施設から生まれた「作業帮（ゾゥイェバン）」だ。２０１４年のサービス開始以来、1億人以上のユーザーを獲得している。最大の特徴は、「拍照捜題（パイジャオソウティ）」と呼ばれるAIサービスにある。これは、数学などの問題文をスマートフォンのカメラで撮影すると、画像を解析して自動で類似問題をデータベースから検索し、回答を提供するものだ。その他、名門校志望者に向けた模擬テストやオンライン講義なども充実している。こうしたサービスも、マイナス回避であれば「学習プロセスをないがしろにする」「子どものためにならない」と非難され、学生と講師が顔を合わせる従来式の学習塾だけが残り続けるだろう。効率や生産性を追求するプラス促進のマインドが備わっているからこそ、教育というデリケートな分野においても、新しいサービスがつくられ、広められている。

教育よりもさらにデリケートな医療の場面でも、違いは顕著だ。医療分野は、世界のAI開発の最前線となっており、"AI for everyone"（すべての人のためのAI）を進めるグーグルがもっとも重要視している領域である。

中国では、ベンチャーの平安健康医療科技（ピンアン・ヘルス&テクノロジー）を筆頭に、医療アプリの普及が加速している。[*7] 同社のオンライン診療アプリ「平安好医生（ピンアン・グッドドクター）」は、提供開始から3年で登録者が2億人を超える人気サービスだ。中国では、人口と比べて病院・医師の数が大きく不足しており、診察には数時間待つことも珍しくない。だからこそ、待ち時間0のオンライン診療のニーズは極めて大きい。平安好医生は専属の医師約1000名を抱え、24時間体制での診療サービスを提供している。加えて、これまでに蓄積した3億件以上の診断履歴や病歴などのデータに基づき、医師の診断をサポートするAIを開発した。このAIの初期診断を活用することで、医師の1日当たりの診察対応件数を、通常の5倍の500件にまで引き上げ、1日あたり37万件の診察に対応している。提携する3000以上の病院にはアプリで入院予約ができ、1万を超える提携薬局からは診察後1時間以内に処方薬が配送される体制を整えている。

こうしたプロダクトの「つくる」と「広める」には、プラス促進のマインドが不可欠となる。マイナス回避で敬遠することは簡単だが、それではいつまで経っても、日常、教育、医療の現場に革新をもたらすことはできない。

学び

加点型と減点型を使い分ける

加点型と減点型、それぞれの強み

本章では、加点型マーケティングと、それを実践するための促進系ディスカッション、そしてその根底にあるプラス促進のマインドを紹介してきた。それでは、日本企業はこれまで築き上げてきた戦略・スキル・マインドを捨てて、これらに入れ替えるべきだろうか？　答えは否である。中国ベンチャーは加点型マーケティング、日本企業は減点型マーケティング。その対照性を自覚したうえで、日本企業は、加点型を自社に取り入れることで、2つの戦略を使い分けられるようになるべきだ。

加点型は、トライ＆エラー、スクラップ＆ビルドを高速に繰り返して、価値を最大化させ、革新を生み出していく。一方、減点型は、堅実で穴のないプロダクトをつくりあげ、顧客の信頼を獲得していく。章の冒頭で説明したとおり、この減点型の強みを発揮できる分野も確かに存在する。

実際に、製造技術、品質管理、メンテナンス・サービス。この3つを含めた日本のものづくりは、現在でも世界で高い競争力を発揮しているものがある。たとえば、安心・安全な機能を追求した、ピジョンの哺乳瓶。薄くて漏れのない、大王製紙のオムツ「グーン」。こうしたベビー用品は、日本国内の市場だけでなく、競争の激しい中国市場でも高い支持を集めることに成功している。他にも、欧米のウーバーやリフト、中国のディディなどのライドシェアサービスでは、どの国でも燃費性能の高いトヨタの「プリウス」が人気だ。

また、減点型は、物事の負の側面に注目することで、細かな顧客ニーズに気づいて満たすこともできる。液体調味料や薬などをいれる小袋は、アメリカでも中国でも、切りにくかったり、ハサミを使わなければ開けられなかったりする。「その程度の不便は仕方ない」と見落とされているのだ。しかし日本では、切れ目なく、どこからでも簡単にスッと切って開けられるのが当たり前になっている。これは、旭化成パックスの「マジックカット」が実現したものだ。このように、マイナス回避のマインドで予防系ディスカッションを重視するからこそ拾い上げられるニーズは数多く存在している。

加えて、「お客様がこう思うかもしれない」「こんな困り事が出てくるかもしれない」というニーズを網羅した接客マニュアルと、それに基づく日本の人的サービスも、減点型でこそ生み出せる世界で類を見ない品質だ。もちろん、高級なホテルやレストラン、ショッピング施設におけるサービス水準は世界共通で高いものだ。しかし、日本が飛び抜けているのは安価な店や施設、交通機関におけるサービス水準の高さだ。ファーストフード店のアルバイト店員までもがマニュアルを順守して働いているのは、じつは日本だけである。

2つの型を使い分ける

こうした減点型の強みを、わざわざ捨てる必要はない。加点型の強みを知り、受け入れて、組織として使い分ければいい。理想は、2つの戦略を1つの組織が巧みに使い分けられるようになることだ。より容易な方法は、「加点型の組織」と「減点型の組織」に組織を切り分け、それぞれに適したプロダクトを配分することだ。組織のスクラップ&ビルドは、現場に対して、変革の本気度を示す意味でも効果は大きいことだろう。

実際に世界最大のSNSサービスを展開するフェイスブック社では、加点型と減点型を組織ごとに使い分けている。[*8] もともと自社で展開していたSNS「フェイスブック」は、同社本体が加点型で進めている。全世代に向けたフェイスブックは、「ひとまず試してみよう」を合言葉に、サービスの試行錯誤が許されている。一方、2012年に買収して獲得したSNS「インスタグラム」は、元の組織の文化を尊重して減点型で進めている。若い世代にターゲットを絞ったインスタグラムは、念には念を入れて、リスクを慎重に見極めるプロセスをたどる。

たとえば、インスタグラムでは投稿に対する「いいね」の数を隠すように仕様を変更した。若いユーザーが投稿に感じるプレッシャーを取り除こうとするこの変更は、まず現場社員が1年近くかけてアイデア出しからデザイン・広報について検討を重ねた。その後、2019年2月に変更案をトップへ進言すると、4月からカナダで実証実験をスタートさせ、7月からは国を増やして段階的に実験を積み重ねた。結果、投稿を見る時間は減るが、投稿数は増加することがわかり、長期的にはビジネスにとってプラスと判断し、新サービスとして正式に適用したのだ。

中国ベンチャーも、実際には加点型だけに傾倒しているわけではなく、2つの戦略を使い分けている。アリババが運営するキャッシュレス決済「支付宝（アリペイ）」は、アリババ本体から独立させたアントフィナンシャル社が金融サービスを運営し、その子会社であるアリペイ社が決済事業の運営を手掛けている。[*9] アリペイは、組織を再編することで、減点型から加点型へと更新されたサービスだ。

もともと、中国ではECは信用されていなかった。リアル店舗でも偽物が多いのだからECはなおさら危ない、というわけだ。モノ・物流・決済すべてに信用がなかった。そこで開発されたのが、アリババの消費者間EC取引「淘宝網（タオバオ）」におけるポイント通貨のアリペイだった。タオバオでの買い物はアリペイのポイントで取引される。いったんお金をアリペイに変えて、取引中に問題が起きた場合はアリペイが全額保証することで信用を担保した。アリペイは減点型で穴のない決済サービスとしてつくられ、顧客の信用を勝ち取っていった。

アリペイはタオバオの決済手段として定着し、こつこつと利便性を向上していったが、そこから飛躍しなくなった。減点型で生み出されたがゆえに、減点型で小さくまとまってしまったのだ。その現状を見たジャック・マー氏は、「アリペイは腐っている」と怒りをあらわにしたという。そして、「プロジェクトの変更ではなく、組織の変更によってこそ、戦略は転換できる」と語り、組織をつくり替えることで減点型から加点型へビジネスを強制転換させた。そうして加点型の組織として再編されたのが、アントフィナンシャル社だ。アリババから独立させ、他社と連携しやすくなることで加点型の飛躍を目指させた。親会社であるアリババが助けてくれる保証がなく、自力での飛躍を求められることで、緊張感のある組織へ生まれ変わった。

アントフィナンシャルは、アリペイを、「すべてのユーザーに対して、体験・信用・安全を提供する」加点型の決済サービスとして再定義し、より広大な成長市場を開拓していった。ネットでもリアルでも、どこでもアリペイが使えるようにサービス対象を急拡大させ、衣食住や娯楽のあらゆる場面をアリペイで完結できるよう変革した。また、アリペイの使用履歴などから個人のスコアを算出する社会信用スコア「芝麻信用（ジーマ・クレジット）」を開発した。この芝麻信用によって、「3分で申請完了、1秒で貸付実行、担当者の仲介は0」という「310方式」と呼ばれる高速で安全な融資システムが構築された。これにより、個人に対しても、農家や個人事業主に対しても、貸す側と借りる側の双方にリスクの小さい融資が活発に行われるようになった。

日本でキャッシュレス決済を浸透させるには

アリペイは減点型でリリースされ、途中で組織を再編することで加点型へ切り替わり、サービスとして飛躍を遂げた。いまや中国は、アリペイとウィーチャットペイの2つがあれば、どこでも安心して生活ができる「キャッシュレス先進国」だ。一方、日本は世界でも有数の「キャッシュレス後進国」として有名だ。なぜ日本はキャッシュレスの普及に出遅れたのか。どうすれば日本にキャッシュレスは浸透していくのだろうか。減点型と加点型の視点から考えてみよう。

日本のキャッシュレス比率は20％程度に留まり、2025年までに40％を目指しているのが現状だ。それに対して、中国や欧米諸国ではすでに50％を超えている。どの国も都市部と地方では差が大きいため、都市部でのキャッシュレス比率は80〜90％と考えていい。しかし日本は、東京でもいまだに現金主義が多数派を占める。

アメリカに暮らす知人は、スマホケースにクレジットカードと、念のため現金の札を1

枚入れて、スマートフォンだけを持って仕事もプライベートも過ごす。財布を持ち歩く習慣はもうないという。中国の知人は、2017年時点ですでに銀聯カード（デビットカード）がメインで、現金はほとんど使っていなかった。2019年にはアリペイとウィーチャットペイのどちらかですべての支払いを済ませていた。こうしたキャッシュレスが浸透する国の利用者の心理にあるのは、「現金よりも楽」である。まず、①安心できて、②楽で、しかも③お得、といういいことずくめだから当たり前に受け入れているのだ。

日本では、ペイペイ、ラインペイ、楽天ペイをはじめ、実に数十種類のサービスが乱立している。日本の各種ペイは、リリース当初、「○％オフ！」や「キャッシュバック！」を強烈にアピールした。クーポン配布、ポイント還元、キャッシュバックの期間限定・店舗限定キャンペーンで競い合い、「③お得」の競争に明け暮れた。

しかも、当初はサービスごとに利用できる店舗が細かく限定されていた。そのため消費者はペイペイのキャンペーン期間にはペイペイを使い、ラインペイのキャンペーン期間にはラインペイを使った。しかしその後、日常的に利用しようとしてみると、使えない店舗ばかりで不便さが勝ってしまった。キャンペーンや店舗によってサービスを3つも4つも使い分けるのは面倒で、結局はいちばん楽な現金に戻ってしまう。日本のキャッシュレスサービスは、「③お得」の前の「②楽」が欠けていたのだ。

さらに致命的だったのは、キャッシュレス決済に不可欠な、「①安全」を担保できなかった点だ。どのサービスもキャンペーン中にシステム障害で決済できなくなる事態を繰り返した。とくにセブンペイのリリース、トラブル発生、サービス中止という一連の騒動が決定打になった。結果、もともとマイナス回避を好む日本人の大半のマインドに「キャッシュレス決済はまだまだ信用できないもの」という固定観念がつくられてしまった。

ユーザーにとっての優先順位を見極める

中国のアリペイもウィーチャットペイも、たしかに「③お得」押しのキャンペーンを展開することで普及を拡大させた。しかし、はじめに、「①安全」と「②楽」の体制を減点型で強固につくりあげていた。キャッシュレスには、「まず安全、そして楽、さらにお得」という優先順位が求められる。はじめに安全が確保されてこそ、利用者はプラス促進のマインドを持てるようになる。安全が崩れれば、一気にマイナス回避に傾いてしまう。

日本にキャッシュレス決済が浸透できていない原因は、この順番が崩れたことにある。「お得だけど、まだ安全ではなく、少し不便」なサービスというのが日本のキャッシュレス決済の現状になっている。減点型が得意なはずの日本企業が、減点型こそが求められるサービスにおいて、なぜか加点型で「③お得」ばかりを先に推し進めてしまったことが大きな誤りだった。

また、日本は海外に比べて駅やコンビニにATMが普及していて現金の出し入れが容易で、「スイカ」という便利な交通系タッチ決済が浸透している。だから日本でキャッシュレス決済を普及させるには、「現金と同様に安全で、スイカと同様に便利で、なおかつキャッシュレスの方がお得」という高いハードルを超えなければならない。そのため、「まず安全、そして楽、さらにお得」という3つの優先順位を取り戻す開発とプロモーションが不可欠だ。つまり、加点型から減点型に戻さなければならない。減点型で完璧にシステムをつくりあげてから、加点型でサービスとして飛躍させるというアリペイのルートをたどる必要があるのだ。

注意しておきたいのは、キャッシュレスは目的ではなく手段である、という点である。キャッシュレスは、モバイルオーダー・ビジネスの前提条件になるからだ。キャッシュレスが浸透できていないために、日本にはモバイルオーダー産業がぽっかりと抜け落ちてしまっている。世界の成長市場であるモバイルオーダーで、2周、3周と、周回遅れに立たされている日本の現実は、もっと自覚されるべきだろう。

ここで取り上げたキャッシュレス決済の話は一例にすぎない。日本企業が加点型と減点型をバランスよく使い分けることで広げられるプロダクトは、まだまだ数多く存在している。プロダクトやアイデアをあきらめる前に「つくる」と「広める」、それぞれにおける加点型と減点型の使い分けについて、再考してみる必要がある。

第1章まとめ

- 【戦略】加点型マーケティング：トライ&エラーを重ね、価値を最大化させる
- 【スキル】促進系ディスカッション：物事の正の側面に注目し、それを高める
- 【マインド】プラス促進：出る杭はさらに伸ばし、自分なりの強みを重視する
- 【学び】加点型と減点型の使い分けによって、プロダクトは広められる

注釈

＊1 Forbes JAPAN「米中激突！〝日本不在〟で進む世界の「ドローン」開発競争」および、週刊東洋経済編集部（２０１７）、沈（２０１８）を参照。
https://forbesjapan.com/articles/detail/7265

＊2 DRONE「DRONEII、米・ドローンメーカーマーケットシェアTOP10発表、ＤＪＩが圧倒的シェア」、REUTERS「世界の民生用ドローン市場、10年で3倍増の１４３億ドルに＝調査」を参照。
https://www.drone.jp/news/20191015110041.html
https://jp.reuters.com/article/world-drones-market-idJPKCN1UC2WS

＊3 ここでは、消費者行動を予防焦点と促進焦点に分けて捉える「制御焦点理論（Regulatory Focus Theory）」の概念を援用して、ビジネスパーソンの思考を分類している。

＊4 36Kr Japan「モノを右から左に流すだけではつまらない」アリババ系スーパー「盒馬鮮生」のＰＢ戦略」、永井・村元（２０１９）を参照。
https://36kr.jp/38615/

＊5 中華ＩＴ最新事情「フーマが深圳市にモールを開店。衣類や体験コンテンツも新小売対応に」http://tamakino.hatenablog.com/entry/2020/01/20/080000

＊6 NEWSPICKS「【現地発】孫正義も投資する、中国の「教育アプリ」の衝撃」を参照。https://newspicks.com/news/3990272/body

＊7 日経XTECH「医療と金融と農業をAIで破壊、孫氏期待の米中4社」を参照。https://tech.nikkeibp.co.jp/atcl/nxt/mag/nc/18/082300068/082300005/

＊8 NewsPicks「【新トップ独白】インスタが「いいね！」を隠した理由」を参照。https://newspicks.com/news/4458830/body

＊9 中華IT最新事情「アリペイは腐っている。ジャック・マーの怒りから生まれ変わった「アリペイ」」を参照。
http://tamakino.hatenablog.com/entry/2019/11/22/080000

COLUMN 1

「監視社会」と呼ぶか、「教育改革」「働き方改革」と呼ぶか

中国のある幼稚園では、中国語と英語で教育が行われ、保護者はその様子をリアルタイムで確認することができる。すべての教室にカメラが設置され、その映像は保護者のスマートフォンからいつでも見られるようになっているのだ。子どものプライバシーが気になるかもしれないが、その代わり近年日本で起きているような園児暴行などの子どもの安全をおびやかすトラブルとは無縁だ。これは都会でもハイクラスでもない、中国の一般的な幼稚園で実施されている教育サービスである。

また、ある小学校では朝の登校の際、校門に設置された顔認証ゲートを通過して校内に入っていく。顔認証システムによって自動で子どもの出欠管理が行われる。食堂でも同様に顔認証決済が導入されており、学生とスタッフの間で現金のやり取りはない。顔認証決済は保護者のキャッシュレス決済サービスと結びついていて、自動決済される。毎日子どもが昼食に何を食べているかが記録され、栄養の偏り防止などの食育にも役立てられてい

る。ここでも個人情報の漏洩が気になるかもしれないが、紙に書かれた学生情報の方がよほど持ち出されやすいし、現金がないことで不正やいじめを大きく予防できる、とも考えられる。

要は、減点型か加点型かの違いである。減点型でサービス開発を進めれば「そこに顔認証は必要ない」「子どもたちの個人情報が危ない」と言ってすぐにとんざしてしまうサービスだ。一方、加点型で進めれば、現状の出欠や栄養の管理からゆくゆくは学習状況・友人関係・教員との関係など、学生生活のあらゆる行動を記録し、いじめも不正もなく効果的な「よりよい学生生活」を提供する学校が誕生するだろう。

こういった話を聞くと「監視社会だ」と敬遠する人も少なくないだろう。しかし、じつは日本でも同じことが企業で進められている。それが「働き方改革」だ。ビジネスパーソンの働き方を追跡し、より生産性の高い働き方が分析・実施されはじめている。

たとえば、大手メーカーA社では、営業車の位置情報と走行・停止情報を記録し、急発進・急停止の回数、効率的な営業ルートをたどっているかどうか、不要な停車時間がないかどうか、などを管理している。大手メーカーB社では、オフィス内での動きを観測し、優秀な人がどれくらい自分のデスクにいるか、どの程度デスクを離れて同僚とコミュニケーションを取っているか、などを分析している。さらに、大手小売C社では、店舗のマネージャーの動きを記録し、優秀な人間が店頭とバックヤードにいる割合や歩数を割り出している。

オフィスや店舗での行動が記録されることで、さぼりやセクハラ、パワハラ、そして万引きなどもできなくなる。これが「働き方改革」ならば、前述の監視型教育は「教育改革」と呼べるはずだ。対象をビジネスパーソンから、子どもに広げただけである。もちろん未成年者のプライバシーが大きな問題であることは承知のうえで、だ。

ビッグデータ・マーケティングが進められるなかで、消費者のリアルとネットの行動は監視・観測が進む一方だ。個人に最適なマーケティングを行うためには、その個人の行動・嗜好・ライフスタイルに関する情報取得が前提となる。位置、移動、滞在、検索、閲覧、購買、クチコミ。これらの情報は、日本の消費者の手にあるスマートフォンから、現在まさに抜き取られている最中である。

無料で使える便利なサービスの大半は、料金の代わりに個人情報を払っていると考えられるだろう。なぜ地図・ルートを教えてくれる便利なグーグル・マップが無料かといえば、自身の位置と移動の情報を提供しているからに他ならない。便利なアップルウォッチが、なぜ品質・デザイン・性能と比べて割安なのかといえば、自身の健康データを提供しているからだ。

スマート化、ＩｏＴ、ＡＩ、自動化、予防。こうしたテクノロジーにも情報収集は不可欠だ。まず監視・観測することで、その膨大な情報を分析し、予測と最適な提案が実現されていく。知らないだけで、日本でも世界中のどこでも監視社会は進んでいる。とくに軍事・防衛・テロ防止といった大義をかざすアメリカと中国はこの取り組みが早い。監視社会はワールドワイド、万国共通なのである。中国はそれを周知のこととして、加点型に振り切って押し進めているにすぎないのだ。

第2章

未来型共創マーケティング

パートナーとつながり、未来をつくる

未来型共創マーケティング

現在のパートナーを、未来へ連れていく

リープ・マーケティングの2つめの戦略として、未来型共創マーケティングを取り上げよう。「共創マーケティング」自体は日本でも注目を集め、いくつかの企業で実践されているが、中国ベンチャーはこれを独自の戦略へ昇華させている。

共創マーケティングとは、顧客をターゲットではなくパートナーとして捉え、企業がプロダクトやブランドをともにつくりあげていこうとするものだ。従来のマーケティングは、企業が価値を完成させてから顧客に届ける一方通行のものだった。それに対して、共創マーケティングでは、「企業の提案に、パートナーが反応し、さらに企業が再提案する」

「パートナーのアイデアに、企業が反応して製品開発し、パートナーがあらためて評価する」といった循環するプロセスを通じて、新たな価値を生み出していく。その本質は、〝いま〟のパートナーとつながり、〝現在進行形〟で寄り添っていくことだ。

現在のパートナーが「あったらいいのに」と感じるニーズを拾い上げ、それをかなえるプロダクトをつくる。そのためにはまず、消費者や企業が「何に困っているか」「何を望んでいるか」というニーズを見つける必要がある。顧客のニーズを探してプロダクトの開発・改良に役立てる役割は、アンケートやインタビュー・観察といったリサーチ、あるいは、ユーザーの生の声が寄せられるカスタマーサポートが担ってきた。共創マーケティングでは、パートナーが集まるコミュニティ・サイトやSNSを使い、より効果的にニーズを拾い上げることができる。そこから中長期的な関係を築き、相互理解を深めるプロセスを通じて、ユーザー参加型で生み出す「ユーザー・イノベーション」へとつなげていく。

たとえば、2007年に業績不振を経験したスターバックスは、再生に向けた取り組みの1つとして、「顧客との心の絆を取り戻す」ことを目指した。その手段となったのが、コミュニティ・サイトを使った共創マーケティングだ。2008年からコミュニティ・サイト「マイ・スターバックス・アイデア」を開設し、ユーザーから製品やサービスの希望アイデアを募集した。コミュニティには、開設後7年間に19万件ものアイデアが寄せられ、そのなかからドリンク・フードの新メニューや、店内無料Wi-Fi、ハッピーアワー、モバイル決済といったサービスなど、300以上のアイデアが実現した。

日本では良品計画による共創の取り組みが有名だ。同社が展開するブランド「無印良品」では、2000年から、いち早く「モノづくりコミュニティ」を開設してユーザー参加型の商品開発を進め、「持ち運びできるあかり」や「体にフィットするソファ」などのヒット商品を生み出した。2009年にはコミュニティを「くらしの良品研究所」にリニューアルし、ユーザーとさらに密接に交流できる場にしている。コミュニティ内の「アイデア・パーク」では、ユーザーのコメントすべてに対して個別回答を行い、ユーザーとともに開発する仕組みから、多くの商品を輩出している。

顧客の潜在ニーズを開拓する

共創マーケティングでは、顧客がなんとなく感じている困り事、つまり顕在ニーズを拾い上げて満たしていく。現在のパートナーとつながって寄り添い並走していく共創マーケティングを、ここでは「現在型共創マーケティング」と呼ぶ。

それに対して、中国で進む共創マーケティングは、未来型だ（図6）。中国ベンチャーは、いまのパートナーとつながり、彼らを未来へ連れていくプロダクトを共創している。現在の顧客が、まだ自覚していない潜在ニーズを開拓し、プロダクトとして提案することで、「たしかに、これがあったら便利」「こんなことが実現したらうれしい」と思わせる。「あったら、すごい」と相手を説得して、ともにプロダクトをつくり出す。潜在ニーズを開拓して先導

図6：2つの共創マーケティング

現在型共創マーケティング	未来型共創マーケティング
現在のパートナーとの並走 「つながり、寄り添う」	現在のパートナーの先導 「つながり、未来へ連れていく」
顕在ニーズの発掘 「あったらいいのに」を拾い上げる	潜在ニーズの開拓 「あったら、すごい」と説得する

出典：筆者作成

する、「未来型共創マーケティング」が実践されているのだ。

第1章で取り上げたキャッシュレスや顔認証サービスも、未来型でこそ広められるものだ。日本と同様、どの国でも最初は「現状の現金払いでも不便はない」と考えられていた。一般消費者は、キャッシュレスが実現することで満たされるニーズ、生まれる価値に気づいていなかった。それを、先へ導くサービスとして開発し、「もっとよくなる未来がある」と伝え、価値を説得する必要がある。結果、価値に納得してもらえたからこそ、中国にはキャッシュレスが普及しているし、これから顔認証サービスが普及していくことだろう。未来型共創マーケティングは、相手を巻き込み、味方につけて、新たなプロダクトを共につくり出すことができるのだ。

「メイド・イン・チャイナ」の評価を変えたシャオミ

未来型共創マーケティングを実践する中国ベンチャーとして、小米科技（シャオミ）を取り上げよう。シャオミは、2010年に雷軍（レイ・ジュン）氏が興した家電ベンチャーで、創業からわずか5年で売り上げ高1兆円を突破した。主力のスマートフォンは、2019年時点、サムスン、ファーウェイ、アップルに次ぐ世界第4位の生産台数にまで急成長を遂げている。インドのスマートフォン市場では約30％のトップシェアを握り、欧州市場の開拓も進めている。

シャオミの経営理念は、「顧客と友人になる」である。消費者を「ミーファン」と呼ばれるファンに変え、ファンを巻き込み、ファンとともにプロダクトをつくって広めることで飛躍を続けている。顧客は友人という理念のもと、ともに成長していくブランドとしてファンに愛されているが、そうした理念は創業当初から実践されていた。

シャオミが自社独自のOS「MIUI」の開発を発表した当初、開発チームは20名、興味を持ってくれた一般ユーザーは100名ほどだった。そこで開発チームが手掛けたのが、「オレンジ・フライデー」という仕掛けだ。これは、ユーザーと直接ディスカッションができる専用サイトをつくり、毎週金曜日の午後にシャオミのオレンジ色のロゴとともにMIUIの最新バージョンを公開するというものだった。開発途中の機能も含め、よいところも悪いところも、すべてをオープンにして毎週公開した。そして、興味のあるユーザーに、自由にMIUIを体験してもらい、翌週の火曜日までに感想コメントを書き込んでもらった。

酷評も賞賛も自由なオレンジ・フライデーは、ユーザーを惹きつけ、開始当初から1万件以上のコメントが寄せられた。これはOSの共創だけでなく、企業と一般ユーザーを友人として結びつけることにも効果的だった。シャオミの社内では、毎週のユーザー投票で最優秀に選ばれた担当者は、「爆米花（ポップコーン）賞」が表彰され、バケツいっぱいのポップコーンと「大神」の称号が贈られた。一般ユーザーは、専門知識の審査を通じて1000名が名誉テストチームに選ばれ、「栄組児」の愛称で呼ばれた。互いをニックネームで呼び合い、社員個人とユーザー個人が日常的に交流を深めていく場となった。

参加ユーザーは10万人を超えるまでに広がり、いわば、10万人以上の巨大なチームでOS開発を進める現象が生まれた。OS開発の発表から1年後、シャオミが初の自社商品「MI-ONE」をリリースしたとき、プロモーションを行わなかったにもかかわらず、シャオミのファンはすでに50万人を超えていた。シャオミのOSの中身をよく知る「身内」とも言える彼らは、どのメディアよりも信用できるクチコミ発信者となり、シャオミは信用できるブランドとして急速に広まっていった。

シャオミのスマートフォンは、圧倒的な低価格でほかのライバル商品を圧倒していった。しかも、「安かろう悪かろう」ではなく、「安くて高品質」というコストパフォーマンス抜群の商品としての評価を得ながら、である。これは「中国ブランド（メイド・イン・チャイナ）全体の評価を変えた」とまで言われている。

そして、こうした評価は、かつて日本家電が得ていたものでもあった。現在の日本家電は「余計な機能が多くて割高」と言われ、多くの製品ジャンルで世界シェアを落としている。代わりに韓国のサムスン、中国のハイアール、そしてシャオミが「コストパフォーマンスに優れてお買い得」と世界で人気を博している。

パートナーとともに未来をつくる

さて、よくよく考えればユーザーにとってシャオミ独自のOSは不可欠のモノではなかったはずだ。グーグルが開放するOS「アンドロイド」でも不自由はなかった。しかし、新たなOSを共創することで、ユーザーは企業から未知の機能提案を受けて評価したり、自らの意見を企業に伝えてともに開発したり、新たな価値を楽しむことができるようになった。シャオミのオレンジ・フライデーは、「現状への満足」を「未来への期待」へと先導する役割を果たしたのである。

シャオミでは、エンジニアを含め、すべての社員がカスタマーサービスに関わっている。ユーザーと積極的に友人関係を結び、プロダクトを共創していくため、ユーザーと直接会話できるコミュニティ・サイトへの書き込みは全社員が行う業務となっているのだ。

そうした顧客コミュニケーションの結果として、表も裏もほぼ全面がディスプレイとなる画面占有率180％の機種や、5G対応機種、1億画素の静止画と8Kの動画の撮影を実現する機種など、未来志向で新規性の高いスマートフォンが続々とリリースされている。なかでも、2019年に発売された「MI CC9 Pro」は、世界のカメラ性能評価専門機関「DXOMARK」において、静止画・動画いずれも過去最高という、スマートフォンのカメラ性能として世界最高評価を獲得した。[*1]

また、未来型共創マーケティングのパートナーは消費者だけにとどまらない。社内外のビジネスパートナーとも未来のビジョンを共有し、協働することで、その未来をともにかなえていく。

シャオミは、スマートフォンだけでなく、タブレットやPC、ネットと繋がるIoT家電も数多くリリースしている。スマートウォッチ、スマート炊飯器、スマート体重計、ロボット掃除機、セキュリティカメラなど、シャオミのIoT家電は多岐にわたる。そして、こうしたプロダクトの「つくる」と「広める」を、未来を共有するパートナー企業とともに進めている。スウェーデンのイケア、日本のソフトバンク、アラブ首長国連邦のエマールなどと提携を結び、スマートホームの実現に向けて、グローバルな共創を進めている最中だ。

こうしたIoT家電は、現在の顧客に対するリサーチからは、「必要ない」「なくてもいい」といわれるものかもしれない。し

図7:中国に展開されるシャオミ・ストア

出典:筆者撮影

かし、パートナー（企業）と共創したプロダクトをリリースし、パートナー（消費者）を巻き込み、新しい価値を伝えていくことで、スマートホームの未来が開けてくる。家の中のあらゆるものがネットにつながるスマートホームを実現させる未来へ、シャオミはパートナーとともに歩んでいるのだ。

スキル

ネットワーキング

コネではなく、ネットワーク

消費者やビジネスパートナーを自社の「輪」に巻き込んでプロダクトを共創するシャオミのように、中国ベンチャーは自分のコミュニティ外の人間とコネクションをつくることに長けている。これを「企業が消費者／他社とコネをつくる」と言うと、日本ではなかなか聞こえのよくないものだろう。しかし中国では、「コネをつくる／使う」は、あらゆるビジネスの基本である。中国のビジネスパーソンにとって、外部とつながることは卑怯なコネではなく、ビジネスに欠かせない技術の1つ、ネットワーキング・スキルなのである。

個人主義が重視されるアメリカでは、公私は明確に分けられ、仕事をプライベートに持ち込むことは敬遠される傾向にある。一方、かつては日本でも「会社は家族」として仕事とプライベートの線引きをしない価値観が強かったが、近年では「ワークライフバランス」の名のもと、公私に境界線を引く傾向が強くなっている。

公私にまたがる人間関係について、もともとドライなアメリカと消極的になっている日本。それらに対して中国はまったく反対で、公私にまたがる人間関係を積極的に増やしていく傾向を続けている。もともと中国人は会食好きで、席をともにして「乾杯」を重ねて打ち解けることを好む。そして、仕事のつきあいもプライベートのつきあいも切り分けることはせず、両方の人脈をフル活用する。「お互いに利用し合って持ちつ持たれつ」が基本だ。そのため、「知り合いから仕事を受注する」「コネで仕事をする」のは、中国では恥ずかしいことではない。むしろ、「強いネットワークを持っていてすごい」と評価される。

中国ベンチャーのビジネスパーソンは、高いネットワーキング・スキルを備え、企業に対しても、消費者に対してもスキルを発揮してつながっていく。

このネットワーキング・スキルの重要性は、じつは１９７０年代からずっと指摘されてきた。アメリカの社会学者マーク・グラノヴェッターが提唱した「The strength of weak ties（弱いつながりの強さ）」である。[*2] 薄く、広い交流を持つことで、多様な情報や資源にアクセスできる機会が増え、新たな組み合わせ・化学反応が生まれる。その結果、イノベーションの卵が生み出されやすくなる。これは、古典的に言われてきたことであり、現在にも通じる普遍的な考え方だ。

社内における経営サイドと現場サイドの交流や、他部署間での人材交流、社外における同業他社や他業種、産官学の交流、そして消費者との交流は、いずれも革新に有効なネットワークとなる。一見、生産性の低い、無駄に思えるネットワークのなかから、新たなビジネスが生まれてくる。

企業間ネットワークが生んだヒートテック

たとえば、東レは2002年からいち早くオープン・イノベーションに精力的に取り組んでいる。NTTとの健康管理素材の開発、ボーイング（米）との航空機向け炭素繊維の開発、ダイムラー（独）との自動車向け炭素繊維の開発、サムスン電子（韓）とのスマートフォン向け電子材料の開発など、国やジャンルの垣根を越えて幅広い取り組みを進めてきた。とくに有名なのがユニクロを展開するファーストリテイリングとのオープン・イノベーションで誕生した、発熱保温肌着「ヒートテック」だ。

東レはかねてからユニクロとのネットワークを長期にわたって構築してきた。1999年、ユニクロが東レの素材を使った製品をリリースしたことから関係がはじまり、2000年には東レ社内にユニクロ専門部署として「GO（グローバル・オペレーション）推進室」を立ち上げた。2006年からは戦略的パートナーシップを締結している。ユニクロからの要望に応えるため、東レが累計1万回もの試作を繰り返した結果、ソフトな肌触りと保温効果を両立させたヒートテックが誕生した。ご存じの通り、2003年の発売以来、ヒートテックは爆発的な大ヒットを記録し、2017年9月までの15年間で世界累計10億枚以上を売り上げた。2009年には極細の糸の利用と特殊加工によって通常のダウン衣料の1/3の重さを実現した軽量ダウン「ウルトラライトダウン」を発売し、こちらの累計販売枚数は2012年度までの3年間で3億枚を超えた。

こうした例に顕著なように、とくにこれからの時代にはネットワーキング・スキルの重要性はますます高まっていくはずだ。すべてがネットでつながるスマート社会のプロダクトを開発するにあたって、外側も中身も、ハードもソフトも、すべてを自前で製造できる企業はほとんどいないからだ。たとえば、トヨタ自動車は自動車そのものはつくれても、ナビに搭載する音声アシスタントAIは自前ではつくれない。だから北米ではアマゾン、国内ではラインからソフトを提供してもらっている。自社単独ではなく、他社と連携・協業するオープン・イノベーションを進めるためにも、異なる人間同士、組織同士がつながる必要がある。

企業同士が繋がるオープン・イノベーションも、企業と消費者が繋がる共創も、突き詰めれば、人間と人間が関係をつないでビジネスをしていくことに変わりはない。ビジネスパーソンにとって、ネットワーキング・スキルは必要不可欠なものである。

自分が成長するために人とつながる

中国では、ビジネスパーソン一人ひとりがネットワークを広げ、飛躍するチャンスをうかがっている。アリババの本社は、眠らない「杭州《こうしゅう》の不夜城」と呼ばれている。基本の勤務時間は9時から18時、昼休憩1時間の8時間労働だ。しかし、18時に帰宅する社員はほとんどいない。20時になると帰宅する人が少し出てきて、22時がメインの帰宅時間帯になっている。夜中の1時に帰宅するのも珍しくなく、少し残業をした程度の感覚だ。プロジェクトの立ち上げ時や、繁忙期には、徹夜をして2日連続勤務で、翌日の18時に帰宅するケースも一般的だ。

ただし、アリババに残業の強制はない。日本人と違い、中国人には「上司や同僚が帰らないから私も帰れない」という感覚はまったくない。社員たちは、自主的に、貪欲に残業をしているのである。それは飽くなき上昇志向によるものだ。

アリババは完全成果主義で、大きなプロジェクトを成功させれば、特別ボーナスやストックオプションなどの破格のインセンティブが得られる。役員だけでなく、現場の社員のなかにも、成果を上げてチャイニーズ・ドリームをつかんだ億万長者が大勢いる。その事実を知っているから、自身も夢を勝ち取るために社員は猛烈に働く。

また、アリババには残業代の制限がないため、とくに若手は給与を増やすために残業を増やしがちだ。しかし、形だけの残業をしても年に数回ある業績評価面接で審査され、成果が伴っていなければ報酬は下げられる。「3日学ばないと、仕事がなくなる」と言われるほど、社内競争が激しい。だから、彼らの成長に対するモチベーションは極めて高い。勉強をしたいと思ったら、自宅で1人でやるのではなく、会社に残って周囲の同僚を巻きこんで学習セミナーを開催し、残業代をもらいながらスキルアップしていく。そうして効率的なスキルアップと、横のつながりを広げるネットワーキングを同時に進め、仕事の生産性を向上させる、という好循環が生まれている。

アリババ在籍中に社内セミナーや取引先、その他の公私にわたる交流機会のなかからメンバーを集め、起業・独立していくケースはとても多い。ライドシェア最大手の滴滴快的（ディディクワィディ）の前身である滴滴打車（ディディダーチャ）、ソーシャルＥＣの蘑菇街（モァグゥジェ）、工業製品ＥＣの佰万倉（バイウェンツァン）、オンライン教育の精準学（ジンジュンシェ）、育児用品ＥＣの貝貝（ベイベイ）や海拍客（ハイパイクァ）など、数多くのベンチャーがアリババ出身者によって立ち上げられている。

企業、国が張り巡らすネットワーク

企業同士がつながることで競争優位や革新を生む動きも活発に行われている。中国市場で支配的な力を持つ二強のアリババとテンセントによるネットワークづくりは、さまざまな領域で加速している。たとえば、カフェ業界では、中国に４０００店舗を構える業界１

位のスターバックスはアリババと提携しているのに対して、2018年からわずか2年間で3600店舗を展開する業界2位のラッキンコーヒーはテンセントと提携している。[*3] 中国にコーヒー文化を根づかせたスターバックスと、猛烈な勢いで追いかける新興のラッキンコーヒーの競争は、アリババとテンセントの代理戦争の1つだ。

もっとも激しくネットワーク形成が進んでいるのが、小売業界だ。ショッピングモール、食品スーパー、量販店など小売大手企業の大半が、アリババかテンセント、いずれかの傘下にすでに収められている。ECでは、アリババは自前のECチャネルを持っているのに対して、自前でECチャネルを持たないテンセントはEC大手の京東（ジンドン）、スーパー大手の永輝（ヨンホイ）に出資し、3社による「テンセントトライアングル」を形成することで対抗している。[*4]

アリババは、リアルとネットを融合させるニューリテールを構築するため、小売ネットワークの形成を加速させており、テンセントはそれに対抗している、という図式だ。[*5] リアルとネットをつなぐ飲食宅配の分野でも、アリババはウーラマ、テンセントは美団点評（メイチュアン・ディアンピン）と、それぞれ業界二強を分け合う。アリババとテンセントは、それぞれアリペイとウィーチャットペイという決済サービス領域で戦争を繰り広げており、「誰が、いつ、どこで、何を買ったか」のビッグデータの奪い合いに勝つために、互いに引くことはできず、企業間ネットワークの網を広げ続けている。

話を国レベルへ引き上げても、やはりネットワーク形成が盛んに行われている。2013年、中国の国家戦略として掲げられた「一帯一路」は、現代版シルクロードと呼ばれるものだ。陸路と海路を通じて、巨大な中国経済圏の形成が世界規模で進められている。陸路は、中国から中央アジアを経て欧州までつながるシルクロード経済帯（一帯）。海路は、東南アジア・インド・アフリカ・中東を経て欧州へ続く海上シルクロード（一路）。この2つのルートに沿って、貿易、インフラ開発、地域の連携・発展、文化交流が進められている。ヨーロッパと中国の連携を深め、また、発展途上国を中国と共存共栄させることで、中国経済圏をさらに強く大きなものとし、アメリカの牙城を崩そうとしている。2019年5月時点、すでに126カ国が一帯一路への協力に関する覚書を中国と結んでいる。[*6]

このように、中国では人も企業も国も、ネットワーキング・スキルを効果的に発揮している。人はコミュニティを、企業はグループを、国は経済圏を形成している。それほど、中国においてビジネスとネットワークづくりは、切っても切れない関係になっているのだ。

マインド

広がる身内意識

中国の「身内」は広がっていく

中国のビジネスパーソンは、ネットワーキング・スキルを発揮してコミュニティを形成していく。さて、それでは、中国人はどうしてネットワーキング・スキルに長けているのだろうか。その答えの根底にあるのは、広がる身内意識というマインドだ。

日本で考えられる「身内」は、狭く、なかなか広げられないものである。家族の関係にはじまり、プライベートの友人関係、職場の同僚との関係など、コミュニティが細かく分けられ、それらが混ざり合うことは稀だ。プライベートのなかでも、地元の友人、大学の友人、共通の趣味の友人など、コミュニティは細分化されやすい。強固で小さな「身内」

が保たれ、そう簡単には広がっていかない。

それに対して、中国の「身内」はどんどんと広がっていく。血縁の家族・親戚、職場の同僚、プライベートの友人などが、気兼ねなく混ざり合う機会がとても多い。参加者のなかの誰かの知人、という面識のない人と円卓での食事をともにすることが中国ではよくある。会食となれば、すぐに10人、20人規模になる。仲介者さえいれば、中国の身内の輪は門戸を開き、新参者を快く受け入れてくれる。筆者も中国で初めて会食に参加したときには、驚いたものだった。幼少期からこのような会食・交流に慣れることで、中国人は他者とつながるコミュニケーション・スキルを無意識的に高めていく。

また、中国人に特徴的なのが身内の間での公私混同だ。親族や友人の間での現金のやり取りはごく一般的で、仕事の受発注や共同出資をすることにも抵抗はない。中国ベンチャーの多くが、とくに駆け出しの頃、身内に頼って出資・入社をしてもらっている。

アリババの身内、ソフトバンク

中国は、来るものを拒まず、「身内」を拡大させていく。もちろん、同郷である中国企業同士は深くつながっているが、海外にも門戸は開かれている。たとえば、アリババとソフトバンクの結びつきはとても深い。２０００年、まだ創業間もないアリババに対して、ソフトバンクは可能性にかけて投資を行った。その頃、アリババの売り上げはほとんどなく赤字だったが、経営計画や事業計画の話は一切せず中国社会の未来を変える話だけをし続けるジャック・マー氏に対して、孫正義氏が20億円の投資を決めたエピソードはよく知られている。あれから20年、アリババの株価は数千倍にふくれあがり、ソフトバンクは約3割を保有する筆頭株主になっている。ソフトバンクが保有するアリババ株の時価総額は13兆円にまでなり、ソフトバンク・グループの時価総額８・８兆円を大きく上回るほどだ。[*7]

２年間で３６００店舗という猛烈な出店ペースで攻勢を続けたラッキンコーヒーのパートナーも、日本企業だ。中国カフェ市場の王者であるスターバックスは、コーヒーとともに空間を提供している。自宅、職場に続くサードプレイスとして、カフェの空間を提供し、お客がゆっくりくつろげる場所代込みで、コーヒーを販売する。それに対して、モバイルオーダーで待ち時間０、テイクアウトと宅配をメインに、スターバックスよりも安くて美味しいコーヒーを提供する、というのがラッキンコーヒーだ。中国ベンチャーのなかでもひときわ急拡大・急成長を続けた同社のコーヒー、その原材料であるコーヒー豆の調達・提供を行ったのは、三井物産である。躍進を遂げる中国ベンチャーの輪に入り、「身内」となって、共存共栄を果たした。

ただし、中国の輪に入って上手くやっていくためには、リスペクトとメリットが求められる。中国特有のマインド、価値観、あるいはマナーを知り、日本との違いを認識して、尊重し、受け入れなければならない。「日本流」の押しつけはとくに敬遠され、「中国流」へ適応する必要がある。また、相手を一方的に利用しようとする関係ではなく、共存共栄できるメリットを示すべきだ。中国では、一方的な依存に対する義理は薄いが、相互的な共存共栄に対する義理人情はとても厚い。中国では、企業と企業も、企業と消費者も、そうすることで身内になり、同じ輪の内側で仲間意識を醸成していく。

身内の外へはじき出される怖さ① D&G

中国ビジネスの身内の輪に入ることができれば、ともに飛躍していくことができる。しかし、政治や歴史に関するタブーを犯したり、熱烈な愛国心に反したり、中国ビジネスの地雷を踏むと、途端に輪の外へ追い出され、二度と入れなくなってしまう。そうした地雷に対して、とくに海外企業は最大限に注意を払う必要がある。

イタリアを代表する世界的ファッションブランド「ドルチェ・アンド・ガッバーナ（以下、D&G）」は、たった一度の過ちで、中国市場が〝消滅〟する事態となった。2018年11月17日、4日後に控えた上海でのファッションショーに向け、D&Gは各種SNSでプロモーションを展開した。それは「箸でイタリア料理を不器用に食べるD&Gの洋服を着た中国人女性に対して、食べ方を教えてあげる」という内容だった。金銭的に豊かになって洋服は買えても、マナーが伴っていない中国人に対して、マナーを教えてあげよう、という上から目線のメッセージが込められていた。これに対して、中国人に対する偏見・差別だとして、中国国内のネット上で小さな炎上騒ぎとなり、国内SNSからプロモーション動画が削除された。しかし、インスタグラムやツイッターには残され、D&Gサイドの対応は最低限のものにすぎなかった。

海外のある一般ユーザーの投稿が、事態を大きく動かすことになる。一般ユーザーがインスタグラムで、D&Gの広告はアジア人差別だ、とD&Gデザイナーのステファノ・

ガッバーナ氏の公式アカウントを紐づけて批判した。これにガッバーナ氏が怒り、ユーザーへ直接、挑発的に反論する暴言メッセージを送信してしまう。ショー当日の11月21日、このユーザーがガッバーナ氏から受けた暴言を投稿すると、即座に世界中のメディアが大きく取り上げ、騒動は一気に世界規模の炎上騒ぎに燃え広がった。

これを知り、夜に行われるD＆Gの上海ショーに出席予定だったメインゲストの1人が参加辞退を表明した。すると、中国人の芸能人やインフルエンサーなど、ショーのゲストと出演者の全員が不参加を表明する事態に発展し、ショーは中止に追い込まれた。さらに、世界的に有名な中国人女優チャン・ツィー氏が、今後スタッフを含めD＆Gの商品は一切使用しないことを公表し、多くの芸能人がこれに追随していった。また、EC大手のタオバオや京東が、今後D＆Gの商品は取り扱わないことを発表。その後、中国のすべてのECサイトからD＆Gは消え、実店舗を含めD＆Gの中国市場は消滅してしまった。

ショー中止の段階になって、ようやくD＆Gとガッバーナ氏は謝罪文を発表したが、あまりに遅く不誠実な対応だった。ガッバーナ氏の暴言は、アカウントがハッキングされたもので本人の意思ではなかった、と主張したが、それを信じる者はおらず、火に油を注ぐだけだった。D＆Gは1つのプロモーション、1つの対応の誤りで世界最大の中国市場を完全に失うことになったのだ。

身内の外へはじき出される怖さ②　ＮＢＡ

さらに大きな危機に直面したのが、全米プロバスケットボール協会（以下、ＮＢＡ）だ。[*8]中国ではバスケットボールの人気が高い。特にＮＢＡの試合はいちばん人気で、中国国内で5億人が試合中継を観戦し、3億人以上が定期的にバスケットボールをプレーしているほどだ。ＮＢＡから中国国内プロリーグに移籍する選手も多く、また、中国ブランド「アンタ」「リーニン」「ピークスポーツ」などと契約するＮＢＡ選手も増えている。ＮＢＡを通じて、ナイキなどのアメリカのストリートファッションのブランドも中国での人気を高めた。バスケットボールは中国の国民的スポーツとも言えるものとなり、まさしく中国の輪に入っていた。

ところが、1つのツイートが中国とＮＢＡの関係を崩壊させていくことになる。２０１９年10月4日、ＮＢＡチーム「ヒューストン・ロケッツ」のＧＭダリル・モーリー氏が、香港のデモを支持する内容をツイッターに投稿した。これに対して批判が殺到し、投稿そのものはすぐに削除されたが、取り返しのつかない事態へ発展する。

即座に中国バスケットボール協会が批判を表明し、中国国営テレビはロケッツの試合中継の一時中止を決定する。アリババの各ECサイトでは、ロケッツの関連グッズの販売が中止された。こうした反応を受け、ロケッツのチームオーナーやNBAは謝罪するものの、ダリル氏に対する処分がないことを不服として、中国サイドの怒りは収まらなかった。すると今度は、謝罪に対してアメリカ国内から「謝る必要はない」と反発が起こる。国内世論に押され、10月8日、NBAは謝罪から一転して、表現の自由を支持することを表明した。

これが引き金となり、同日、中国国営テレビからすべてのNBAの試合中継と関連番組の放送が停止された。ネット配信を手掛けるテンセントも一時停止を宣言した。そして、ロケッツおよびNBAとスポンサー・業務提携をしていた中国企業25社が、次々に中止を発表。NBAが20年以上をかけて開拓した中国市場は、わずか数日間で大きく傾いてしまった。ロケッツのチームとしての損失は60億円にのぼると考えられている。それ以上にNBA全体で、放映権・広告・チケット販売・グッズ販売などの4000億円規模ともいわれる巨大市場を失いかねない状況になっている。

こうしたなか、ナイキは即座に北京の5店舗からロケッツのグッズを撤去する対応を取った。ナイキはバスケットボール中国代表の公式ウェアを担当するほど中国との結びつきを強めている。中国において、ナイキはスポーツウェアにとどまらず、ストリートファッションとしても絶大な人気を誇っている。ナイキの中国での売り上げは二桁成長を続けており、2019年は前年比21％増の62億ドルの売り上げを記録した。北米市場での売り上げは7％増にとどまっており、中国市場は規模・成長率ともに、ナイキにとって欠かせないものになっているのだ。ロケッツのGM個人の失言につきあって失えるようなものではないと判断したことになる。アメリカ国内からは批判が起きたものの、ナイキは一貫して中国に合わせた対応を取ることで市場を失わないよう努めている。

D&Gは失敗し、NBAは窮地に立たされ、ナイキは上手く立ち回った。さて、日本企業はどうだろうか。強力な中国ベンチャーたちの輪に加わり、世界最大の中国市場でビジネスを拡大させるには、中国人のマインドを知り、中国ビジネスの特徴を受け入れて、「郷に入っては郷に従え」を実践する必要があるだろう。

学び

未来型の共創は、探索活動である

探索的共創に求められる3つの要素

未来型共創マーケティングを実践する中国ベンチャーから、日本が学ぶべき点は3つある。

まず1つめは、「外の相手とつながるネットワーク形成」の意識づけだ。多くの日本企業には、閉鎖主義、自前主義がいまなお根強く残っている。自社の技術やノウハウが外に出ないよう、自社単独でのビジネスを好む。さらには、ライバル部署や他のチームに出し抜かれないように、部署・チームごとでの縄張り意識を強く持っている。だから、人、部署、組織の間でネットワークが広がっていかない。公私のネットワークをフルに活用する以前に、公のネットワークさえも存分に活用できていないのが実態だ。

しかし、スマート社会におけるプロダクトの開発・普及では、外部との協業は前提条件となる。企業間のオープン・イノベーションや、企業と消費者が共創を生み出していくためには、マインドから変えなければならない。ネットワークの必要性と重要性をよく認識したうえで、意識的にネットワーキング・スキルを鍛えて発揮し、事業部を孤立させるタコつぼ化や、自社単独に固執する自前主義とクローズド・イノベーションから脱却しなければならない。チーム、部署、企業、業界、そして国という枠組みの中に閉じこもる現状から、いち早く抜け出す必要がある。

2つめは「探索活動としての共創」だ。そもそも、日本では長らく、探索的なビジネスが敬遠されてきた。その原因の1つは、1990年代に誤解された「選択と集中」だ。[*9] 選択と集中は、1981年から2001年にかけてゼネラル・エレクトリック社（以下、GE）のCEOを務めたジャック・ウェルチ氏の成果を通じて、世界中に普及されたコンセプトだ。企業の事業多角化を抑え、確実に成長の見込める主力事業に集中する。有力な既存事業の深掘りに専念し、リスキーな新規事業にはむやみに手を出さない。そうした理解が日本企業にも広く浸透し、実践された。

その結果、「積極的にリスクを取って新規事業の開拓にチャレンジする必要はない」という誤解が生まれた。これが、日本企業が30年間にわたって停滞する一因になっている。しかし、選択と集中はもともと「GEのすべての事業は、最終的には各領域でトップか二番手になれる事業に絞りこむ必要がある」という経営思想に基づいたものである。実際、ジャック・ウェルチ氏はGEのCEOに就任してから、最初の数年間に約70の事業を閉じたが、その後、1000にもおよぶ新規事業を手掛け、新たなビジネスを生み出していった。すなわち、本来の選択と集中とは「既存ビジネスの深掘り」ではなく「効率的なトライ&エラー」ということである。

おなじく30年前から長らく主張されてきたコンセプトとして、アメリカの社会学者であり政治学者のジェームズ・マーチなどが提唱した「両利きの経営」というものがある。[*10] これは、イノベーションを生み出し続けるには2つの活動をバランスよく並行させる必要がある、と指摘するものだ。1つは、現在の主力事業や既存イノベーションをさらに発展させる「深化（Exploitation）」。もう1つは、次の事業・イノベーションを探し求める「探索

(Exploration)」。深化は短期的な目標に向けて、標準化されたプロセスでシステマティックに実行していく。一方、探索は中長期的な目標設定のもと、各自の自主性に合わせたプロセスで、失敗を許容するチャレンジ推奨型で実行していくことが求められる。

日本でよく進められている現在型共創マーケティングは、既存ビジネスの「深化」に近いものだ。既存事業の延長線上で、現在の顧客のニーズを集めて満たしていく。それに対して、中国ベンチャーの進める未来型共創マーケティングは、「探索」の活動になっている。探索は企業の内部だけで進めるよりも、市場とともに行った方が効果的だ。市場にプロダクトを投げかけ、顧客から投げ返してもらって、また投げる。そのキャッチボールを繰り返しながら、次のビジネスとイノベーションを生み出せるように、市場を未来へ先導する探索活動が行われていく。

これを実現するためには、企業組織の構造を変える必要がある。探索活動としての共創を進めていける人事制度と評価制度が不可欠だ。もしも3年のジョブローテーションで在籍中の業績だけが評価される組織のままであれば、新戦略を打ち出したところで現場は変わらないだろう。現場のビジネスパーソンは評価に基づいて行動する。評価が変わらなければ、いくら変革を打ち出しても自身の在籍期間内に高確率で売り上げを達成できる深化の活動に集中し続けるはずだ。戦略の革新は、組織の革新とセットで実行すべきものである。

新型コロナウイルスは中国、日本、アメリカ、欧州など、世界中に大打撃を与えている。このコロナショックによって、多くの日本企業はますます探索を控え、深化に専念することだろう。次の成長の種まきをせず、堅実に既存ビジネスの回復活動に専念する傾向が容易に想像できる。しかし、探索を放棄してしまっては中国ベンチャーとの差、世界のビジネスとの差は広がる一方だ。

3つめの学ぶべき点は、「新しい価値の啓蒙」だ。未来型共創マーケティングで探索的にプロダクトを発展させていくためには、まずは顧客に最低限の品質を備えたMVPに触れてもらうことが重要だ。投げかけたプロダクトに顧客が興味を示さなくては話にならない。MVPという出発点を気軽に試してもらったうえで、短サイクルでプロダクトを更新していく。そのためには、現在の顧客が自覚できていない価値を魅力的に発信する巧みなプロモーションの実行が求められる。価値の啓蒙の具体的な手順については、終章で詳しく後述しよう。

日本の消費者も、未来へ動かせる

未来型の話をすると「それは中国の景気がいいから」「日本の保守的な国民性には合わない」と思うかもしれない。しかし、日本の消費者が未来に連れていかれた出来事も、確かにあったことを思い出してほしい。その一例が、2008年からアップルとソフトバンクが広めたアイフォンだ。

当時、日本では、のちにガラパゴス携帯（以下、ガラケー）と呼ばれる携帯電話が独自の発展を遂げており、国内メーカーによるガラケーが普及・浸透していた。そして、ガラケーに不自由を感じている消費者はほとんどいなかった。そこに現れたのが、「iPhone 3G」だ。「アメリカで大人気」「こだわり抜いた最先端のデザイン」「ボタンのない画期的なスマートフォン」といった宣伝文句で、スティーブ・ジョブズ氏の存在もあわせて、アイフォンは華々しいイメージ戦略とともに日本に入ってきた。

しかし、アイフォン3Gは、プロダクトとしての完成度は決して高くなかった。[*11] 最新技術が結集しているわけではなく、画面サイズが小さく操作性に難があり、高額だった。オリコン日本顧客満足度調査を見てみると、意外にも2014年までは国内メーカーの富士通やシャープの機種の方が高い満足度を獲得していた。アイフォンが満足度トップになるのは、2015年の「iPhone 6 plus」からである。プロダクトそのものの評価は、改善・更新を積み重ねてから高まったことになる。

プロダクトの完成度は突出して高くなかったにもかかわらず、アイフォンは日本の消費者に早期に受け入れられていった。世界のなかでも、「プロダクトに対して特に厳しい目を持つ」と言われる日本の消費者がアイフォンを受け入れたのは、イントロダクションの工夫があってこそだった。まず一歩、アイフォンの輪に入ってもらう仕掛けがあったのだ。

当初、日本で唯一アイフォンを取り扱うキャリアだったソフトバンクは、2009年、「iPhone for everybody」キャンペーンを打ち出す。これによって、本体価格が実質0円でアイフォンを購入できるようになり、「0円だったら、試しにはじめてみよう」と、受け入れのハードルが一気に引き下げられた。2011年にau、2013年にNTTドコモもアイフォンの取り扱いを開始すると、価格競争によってさらに利用料金は引き下げられ、普及が加速した。本体代金を2年分割支払いにする制度を利用すると、アイフォンを最低でも2年間使い続けることになる。そうすると、愛着もわくし、使い勝手にも慣れる。2年後に、別の機種に変えることは選びにくくなった。App Store や iTunesでアプリや音楽を購入していれば、なおさらアイフォンから離れられなくなる。そうして、「みんなが使っているから、私も」と多くの消費者がフォローしていき、日本では「スマホと言えば、アイフォン」という印象が形成されていった。

また、アイフォンがいかに新たな価値を生み出すか、を丁寧に語りかけるテレビCMも効果的だった。アイフォンの画面を大きく映し、音楽の購入・ダウンロード、テレビ通話、アプリのダウンロード・利用、スクリーンタッチと通話などの使い方をやさしく伝える広告が頻繁に放映された。ガラケーではできなかった、スマートフォンだからこそできることについて、「こんなに便利になるんです」「これまでありえなかったことが、実現しますよ」と訴えかけた。そうすることで、アイフォンは日本人に未来を感じさせ、巻きこみ、爆発的に普及していったのである。

2019年12月時点、世界のスマートフォンOSシェアの75%はアンドロイドで、アイフォンのiOSは23%と大きく離されている。*12 グーグルがOSアンドロイドを無料開放してから、アンドロイドは世界中のメーカーに採用され、圧倒的なOSシェアを握るようになった。世界の多くの国で、アイフォンは二番手、三番手のスマートフォンになっている。しかし、日本は例外的に、アイフォンのシェアが69％とずば抜けて高い。アンドロイドが出てきてもなお、「スマホと言えば、アイフォン」が崩れていない。日本におけるアイフォンの普及状況を見れば、日本人でも十分に、未来に心を動かされることがよくわかる。

アイフォンが発売されたとき、日本のメーカー各社はスマートフォン参入をためらった。その理由は、消費者へのリサーチの結果、「スマートフォンをとくに必要とはしていない」という声が多かったからだ。現在の消費者は、ガラケーで不自由なく、スマートフォンを求めていない。そのリサーチ結果、つまり、現在の顧客が自覚できているニーズだけに注目して、スマートフォン市場参入になかなか踏み切れなかった。ガラケーを捨て、スマートフォンにかけるだけの根拠が、既存ニーズからは確認できなかったのだ。その代わりに、携帯電話向けテレビ放送のワンセグと、画質で対抗すると意気込み、現在の顧客が求める機能を完備させたガラケー開発の道を貫き、そして敗れていった。

これは、リサーチの限界を如実に表している。リサーチは一般消費者を知る有効な手段だが、〝現在〟の消費者のニーズしかわからない。また、現在の消費者が本音を教えてくれているかどうかも見極めが必要になる。そして、もっとも重要なことは、現在の消費者は、〝未来〟のニーズを自覚できていないということだ。だからこそ、探索的なプロダクトを市場に投げかけ、消費者とビジネスパートナーをファンに変えて巻きこみながら、ともに未来を創っていく戦略が求められる。

第2章まとめ

- 【戦略】未来型共創マーケティング：潜在ニーズを開拓し、パートナーを未来へ導く
- 【スキル】ネットワーキング：公私で広くつながり、「新しい何か」を生み出す
- 【マインド】広がる身内意識：来る者は拒まず、輪の内側で仲間意識を育む
- 【学び】「ネットワーク形成」「探索活動」「新しい価値の啓蒙」の重視と実践

注釈

＊１ 36Kr Japan「シャオミ「Mi CC9 Pro」がファーウェイ「Mate 30 Pro」と並んで、カメラ性能世界一に」を参照。
https://36kr.jp/34751/

＊２ Granovetter, Mark S. (1973)“The Strength of Weak Ties,”The American Journal of Sociology, 78(6), 1360-1380. を参照。

＊３ GloTechTrends「Luckin Coffee（ラッキンコーヒー）のＱ３決算は財務数値改善傾向！株価はポジティブに反応！」を参照。
https://glotechtrends.com/luckin-coffee-2019-q3-report-191115/

＊４ 中華IT最新事情「小売領域で始まるアリババvsテンセントトライアングルの戦い」を参照。
http://tamakino.hatenablog.com/entry/2018/10/24/080000

＊５ 36KrJapan「アリババかテンセントか、小売業の大手に難しい選択」を参照。
https://36kr.jp/19657/

＊６ AFP BB News「中国「一帯一路」、構想の現状と今後の見通し」を参照。
https://www.afpbb.com/articles/-/3223182

＊７ 日本経済新聞「アリババ上場、筆頭株主ソフトバンクGに追い風」を参照。
https://www.nikkei.com/article/DGXMZO52641540W9A121C1EA2000/

＊８ IT mediaビジネスオフライン「ナイキはなぜ中国に屈したのか　巨大市場を巡る“圧力”の実態」、Newsweek「中国に謝罪したＮＢＡに米議員が猛反発」を参照。
https://www.itmedia.co.jp/business/articles/1910/24/news018.html
https://www.newsweekjapan.jp/stories/world/2019/10/nba-5.php

＊９ NewsPicks「【悲劇】日本経済をダメにした、「選択と集中」の誤訳」を参照。

https://newspicks.com/news/4542825/body/?ref=user_2375381

＊10 March, James G. (1991) 〝Exploration and Exploitation in Organizational Learning,〟 Organization Science, 2(1), 71-87. を参照。

＊11 東洋経済オンライン「なぜ日本人はiPhoneをこうも溺愛するのか」、マイナビニュース「なぜ日本ではiPhoneのシェアが圧倒的に高いのか」を参照。
https://toyokeizai.net/articles/-/90221
https://news.mynavi.jp/article/mobile_business-17/

＊12 XERA「【iPhone VS Android】世界と日本におけるスマホOSのシェア比較」を参照。
https://xera.jp/entry/iphone-android-share

COLUMN

2

中国の人と企業が共有する思い

「涙が出る思いですよ」

中国の建国70周年を祝う国慶節パレードの報道を見て、上海の知人がそう言ったことに驚いた。彼女は、普段、特別に愛国心が強い様子を見せるわけではないし、まだ若い。日本で、国の祝賀行事を見て20代や30代で感動する人はごく稀に違いない。しかし中国では多くの若者が自国の経済成長・発展を自分事として喜び、誇りに感じている。

国に対する思いは、中国の企業やビジネスに対する思いにも通じる。中国の知人は、自国のプロダクトが世界で活躍することをとても喜ぶ。家電のハイアール、スマートフォンのファーウェイやシャオミ、キャッシュレス決済のアリペイとウィーチャットペイ、あるいはSNSのTikTokなど。メイド・イン・チャイナのプロダクトが世界に広がっていく様子を、仲間を応援するような思いで見ている。

中国発のイベントも同様だ。アリババが仕掛ける「独身の日」は、アメリカや日本までを巻き込み、いまや世界最大の買い物イベントになっている。[*1] もともとは、アリババのEC「Tモール」の社員が、アメリカのブラックフライデーのように盛り上げたい、と発案したイベントだ。1が4つ並ぶ11月11日を、独り身でいる人が買い物を楽しむ日として、おもしろおかしく企画されたものだが、現在では中国国内に限らず世界中の誰もがネットショッピングを楽しむ一大イベントになっている。

毎年、数週間前から盛大なプロモーションが展開され、前日には、中国全土に中継されるショー「カウントダウン・ガラ」が開催される。これまでに、ニコール・キッドマン、スカーレット・ヨハンソン、デビッド・ベッカム、マリア・シャラポワ、コービー・ブライアントなどの世界的スターが参加してきた。2019年は、歌手のテイラー・スウィフトが目玉で、日本からは声優の花澤香菜が参加した。

11回目となった2019年11月11日、24時間の売り上げは、過去最高の約4兆1000億円を記録した。とくに売れたのは、電化製品とファッションアイテムだったという。これがどれほど凄い数字かというと、日本の楽天市場が1年間に販売する売り上げの総額が3・4兆円である。それをたったの24時間で上回ったのだ。もともとアリババが参考にしたアメリカのブラックフライデーは、2018年、セール開始から5日間の売り上げは約

2兆7000億円だった。独身の日はオリジナルをすでに超えており、中国から世界に広がった一大イベントへ飛躍を遂げている。

こうした思いは「スポーツ感覚」と言えばわかりやすいだろう。日本人がオリンピックやワールドカップのときにだけ発揮する愛国心を、中国人はいつでも、国・企業・ビジネスに対して発揮している印象だ。「他人事」にせず、国、企業、消費者の一体感が強い。企業と消費者が同じ方向を向いている。それは、言い換えれば企業が消費者を同じ方向に導いているということだ。未来型で、未来の便利を、企業が消費者とともにつくっていく。「より便利に」「さらに発展を」という企業の志を消費者は誇りに感じて応援する。この企業と消費者のつながりは、愛国心の強い国民性、という言葉で片づけるべきではない。中国ベンチャーが企業努力で築き上げた、消費者とのネットワークに他ならない。

注釈

＊1 TechCrunch Japan「アリババの「独身の日」売り上げは過去最高の4兆1000億円」、文春オンライン「「11月11日は独身の日」楽天の1年間の売り上げを、この1日だけで上回るアリババの戦略」を参照。
https://jp.techcrunch.com/2019/11/12/2019-11-11-alibaba-singles-day-record/
https://bunshun.jp/articles/-/15323

第3章

ブルーポンド戦略

ポンド（池）をつくり、オーシャン（海）へと広げる

ブルーポンド戦略

ブルーオーシャンは夢物語か

リープ・マーケティングの3つめの戦略、ブルーポンド戦略について分析していこう。

ビジネスのスピードに関して、こんな話を聞いたことがある。「同じビジネスを進める場合でも、日本の大企業では数カ月かかるが、日本のベンチャー企業なら数週間で済み、中国ベンチャーだったら数日で実現してしまう」。冗談のように聞こえるかもしれないが、あながち間違いでもない。それほどに中国ベンチャーの意思決定と実行のスピードは圧倒的なのだ。その背景にあるのが、高速に差別化を量産し「数を撃って、当てていく」ブルーポンド戦略である。

ブルーポンド戦略について詳しく触れる前に、まずはその元となるブルーオーシャン戦略を取り上げておこう。ブルーオーシャン戦略とは、ライバルと激しい競争を繰り広げて血を流す「レッドオーシャン（赤い海）」で戦い続けるのではなく、ライバル不在で競争のない「ブルーオーシャン（青い海）」を新規開拓していこう、という概念である。差別化と低コストを両立させた、価値のイノベーションをつくり出すことを目指す戦略として、2000年代に注目を集めた。

ブルーオーシャン戦略があてはまる事例として有名なものに、シルク・ドゥ・ソレイユがある。従来のサーカスは、出演料の高額なスター演者が、維持コストの高い動物とともに芸を披露する、ファミリー向けのものだった。それに対して、シルク・ドゥ・ソレイユは、スター演者と動物を使わずにコストダウンし、その代わりに、サーカスに演劇やバレエの要素を取り入れて、より芸術性の高い大人向けのショーをつくりあげた。

日本企業の例でいえば、任天堂のゲーム機「ウィー」がその好例だ。既存のゲーム機はゲーム好きの既存ユーザーに向けて、画質や処理速度の機能を高めていく競争をしていた。それに対してウィーは、これまでゲームをしなかったファミリー層やシニア層を新規開拓し、簡単な操作性で家族みんなが遊べるゲーム機としてつくられた。

この2つの事例は、ブルーオーシャンを実現したと言われる。ただし、「消費者が自由に使える『可処分時間』を奪い合う」という意味では、厳密にはライバル不在というわけではない。シルク・ドゥ・ソレイユは、サーカスとの競争はなくても、舞台演劇や映画と「大人がエンターテインメントを楽しむ時間」の奪い合いを繰り広げることになった。ウィーはライバルのゲーム機と真っ向からの対立はしなくなったが、テレビ番組やレジャー施設と「家族団らんの時間」をめぐって競い合うことになった。

「直接的なライバルが存在しないブルーオーシャンをつくり出す」という夢のような話は、多くの企業を魅了した。しかし、先に挙げた2つの例のように、いざ実践してもなかなかブルーオーシャンは見つからなかった。戦略を採用し、慎重なリサーチを重ねたうえで、満を持してブルーオーシャンを狙ってみても、大きな市場に出会うことができない。奇跡的にめぐり合えたとしても、すぐにライバルに模倣され、レッドオーシャンに変えられてしまう。そうして、ブルーオーシャン戦略は、まさしく夢物語として、多くの業界・企業の現場で実践が諦められるようになっていった。

しかし、ここには大きな勘違いが存在する。それは、「ブルーオーシャンなど存在しなかった」のではなく、「ブルーオーシャンをつくる手順が間違っていた」ということである。そもそも「いきなりブルーオーシャンをつくる」という都合のよい認識からして間違っている。ライバルのいない青い大海は、その辺に転がっているようなものではないし、簡単に0から開拓できるものでもない。大海を狙って時間をかけて計画を練っている間に、市場も環境も変わっていき、狙いは外れに終わってしまう。一直線にオーシャンへたどり着けると期待して、それができなかったから失望する、というのは短絡的すぎる。

池を海に急拡大させる

では、ブルーオーシャンをつくる正しい手順とは何だろうか？ 答えは「まず小さな青い池（ブルーポンド）をつくり、それを青い海（ブルーオーシャン）へと急拡大させる」というものだ（図8）。これこそ、圧倒的なスピードを持つ中国ベンチャーが実践している「ブルーポンド戦略」である。

この戦略では、まず、小規模なもので構わないので新しい製品やサービス、ビジネスをとにかく速く大量にリリースすることからスタートする。それらのなかには、市場の反応が想定外に悪かったり、すぐさまライバルがフォローしてきて、競争が激化するものも出てくるだろう。そのなかでどのポンドがオーシャンになれるかを見極め、取捨選択したうえで、そこに一気に資源を集中させてオーシャンへと電撃的に急拡大させる。この最後の電撃的拡大は「ブリッツスケール」と呼ばれる。

ブリッツスケールについては第4章で取り上げるが、ブルーポンドとブリッツスケールはセットで組み合わせて考えるべき戦略だ。ブルーポンド戦略で小さなポンドを沢山つくり、まずは市場に出してみて

図8:ブルーポンドを創り、ブルーオーシャンへ広げる

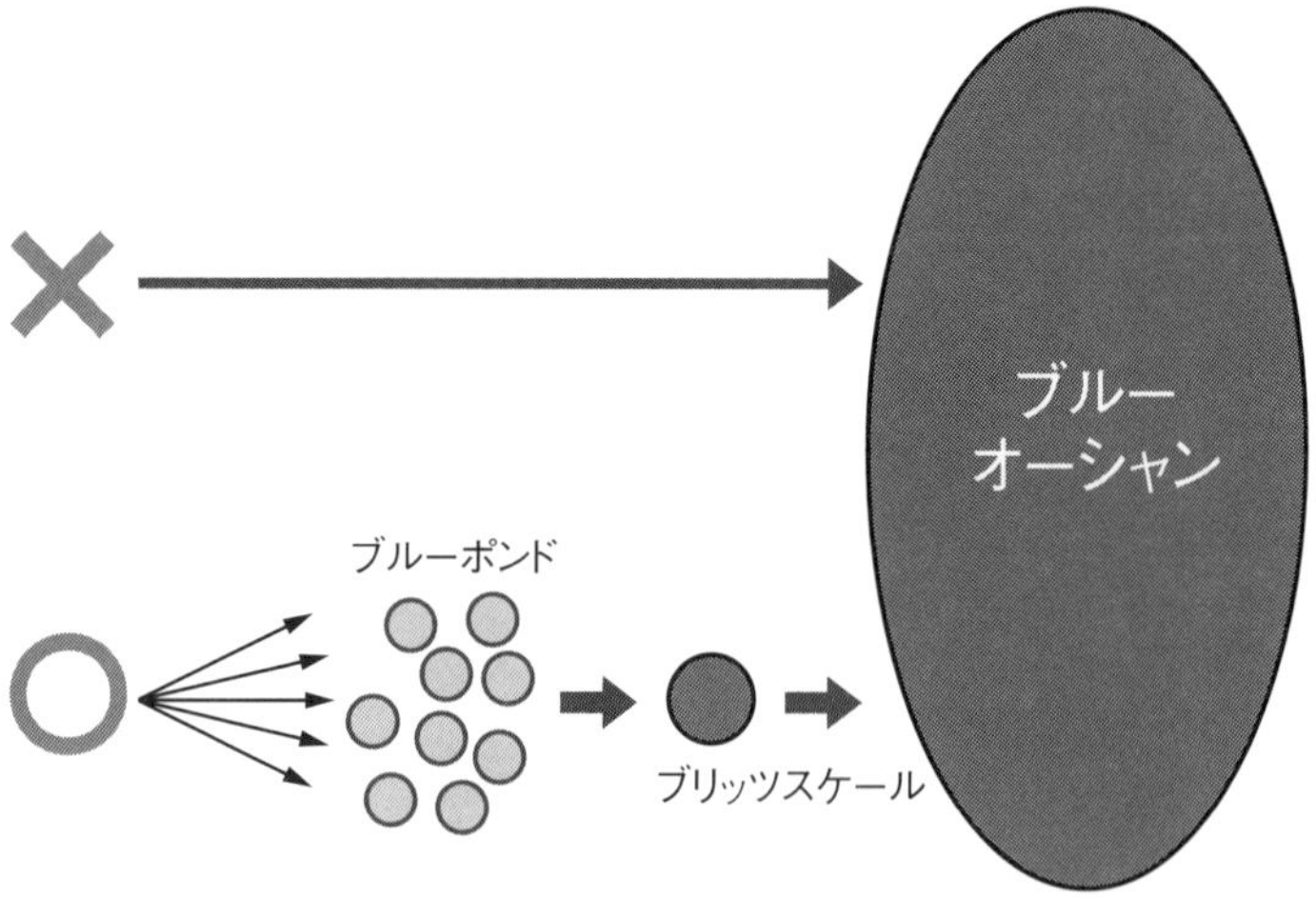

出典:筆者作成

オーシャンになりえる可能性を探る。そして、現在の市場の反応、市場の成長予測、競合の対応などから、選択と集中を行い、ブリッツスケールさせる。

ポンドを量産するためには、0から画期的なアイデアを生み出すことに固執していては、到底数が追いつかない。ではどうすべきか。アンテナを高く張って情報収集し、同業他社や他業種の既存ビジネスから自社に取り入れられるものを見つけ出し、新たな組み合わせをつくっていくしかない。つまり、ブルーポンド戦略とは、「模倣して取り入れ、差別化を量産し、そしてビッグビジネスへ育て上げていく」戦略でもあるのだ。

模倣から競争優位を勝ち取る美団点評

模倣と差別化で勝ち上がっていった中国ベンチャーの代表例に、美団点評（メイチュアン・ディアンピン）がある。中国最大のクーポン共同購入サービス「美団」を運営する美団と、中国最大のクチコミサイト「大衆点評（ダージョン・ディアンピン）」を運営する点評が、2015年に合併してできたのが美団点評だ。同社の主力事業であるフードデリバリーは、2018年時点、ユーザー数は6億人を超え、1年間の総取引回数は約64億回、

１日平均では１７５０万回で、世界最大規模のサービスを展開している。美団点評のＣＥＯ王興（ワン・シン）氏は、その前身である美団の創業以前から、一貫して模倣を使ってポンドをつくり、オーシャンへ広げる戦略を採用してきた。

ワン氏は、自らを「コピーの天才」と称する連続起業家だ。彼の最初の起業は、フェイスブックをコピーした「校内網（シャオネイワン）」だった。２００５年、彼がアメリカのデラウェア大学へ留学していたときに大ヒットしていたフェイスブックを模倣し、差別化を加えて、まだ強力なライバルのいない中国市場向けにリリースした。校内網は1年間で１００万人のユーザーを集めるヒットを記録したが、自社でサーバー運営コストを抱えきれなくなり、事業を売却することにした。次に彼はツイッターをコピーした「飯否（ファンフォウ）」をリリースする。しかし、これは中国政府によるインターネット監視の対象になってしまい、サービス停止に追い込まれた。これらに続く3度目の起業となったのが、アメリカの共同購入型クーポンサイト「グルーポン」をコピーした「美団」だった。当時、類似の競合サービスは中国国内に無数に出てきたが、美団はあらゆるクーポンサービスの特長を模倣して取り入れ、トップシェアを獲得していった。

コピーしたうえで、本家を超える

2013年、ワン氏が新たに目をつけたのが、急成長をはじめていたフードデリバリー市場だった。このフードデリバリーは、もともと上海交通大学の学生ベンチャー、餓了么（ウーラマ）が開拓した市場だった。2008年に創業されたウーラマは、大学内ではじめたフードデリバリーを学外へ広げ、12都市でサービスを展開していった。ウーラマが選んだこの12都市は、もともと屋台・外食文化が強い地域だった。屋台・外食サービスを利用する文化が強い地域には、「レストランの食事を、近くで気軽に食べたい」というニーズを持った消費者がすでに存在していることから、フードデリバリーが受け入れられやすいと考えたのだ。

このウーラマの考えに対して、美団のワン氏は、フードデリバリーは屋台・外食文化のうすい地域でも新規顧客を開拓していけるはずだ、と考えた。ある程度の消費力さえあれば、フードデリバリーの習慣は新たに広められると予測し、ウーラマをコピーした「美団外売」を、30都市で一斉に展開した。加えて、宅配文化の薄い18都市の消費者を効果的に巻き込むために、クチコミサイト「大衆点評」と手を組むことにした。「食事をしよう」と考える消費者は、誰もが大衆点評のサイトをチェックしていた。だから、その大衆点評のアプリに、デリバリー機能を搭載させることができれば、すべての消費者に対してデリバリーという選択肢を効率的に提供できると考えたのだ。

これを実現するためには、中国の二強との関係を切り替えなければならなかった。美団はアリババからの出資を受けていたが、点評はテンセントから出資を受けていた。そこで、アリババを敵に回す覚悟で関係を切り、テンセントに乗り換えることで合併を実現し、美団点評を誕生させた。そ

図9：中国の街中を走り回る、美団の宅配バイク

出典：筆者撮影

れほどまでにフードデリバリー市場の成長の可能性は大きく、また、ウーラマとの競争に勝つためには大衆点評が欠かせないと判断したのだ。その結果、美団点評は、ウーラマ不在の18都市でシェアを独占し、残りの12都市でも競争を繰り広げて、フードデリバリー市場のトップの座を奪い取ることに成功した。中国の都市部に行けば、どこでも美団点評の黄色のマークをつけた無数のバイクが走り回っている（図9）。

その後、美団点評のアプリは、フードデリバリーに加えて、映画・演劇、カラオケ、ホテル・民泊、食品スーパー、美容院、配車、旅行など、ありとあらゆるジャンルの「いいとこどり」をした、オールインワンのサービスとなって、さらに人気を集めている。こうしたワン氏の戦略は、「コピー大国」と名高い中国国内においてさえ「コピーしすぎ」と批判されてきた。それに対するワン氏の主張は以下の通りだ。「本家のモデルを完全にコピーしたうえで、本家よりも充実したサービスにすることができれば、それが王道だ」。彼は自分の言葉を実現し続けている。

スキル

ベンチマーキング

マネではなく、ベンチマーク

池のサイズのビジネス、「ポンド」を量産していくためには、ベンチマーキングのスキルが重要になる。ベンチマーキングとは、同業他社や他業種の優れたビジネスを分析し、その特長を自社ビジネスに取り入れるスキルだ。ビジネスアイデアを次から次へと生みだしていくには、他社ビジネスから学び、一部分を模倣して取り入れて、そのうえで自社オリジナルの差別化を加える方法が効率的である。0から1を生み出すような奇跡的なアイデアは、長い時間をかけてひらめくことはできても、量産することはできない。中国のビジネスパーソンは、このベンチマーキング・スキルが総じて高い。対照的に、日本は総じて低い。

ベンチマーキングは、ただのマネや模倣ではなく、複合的なスキルである。そもそも単純な模倣も決して容易ではない。まずアンテナを張り、日常的に同業種・他業種のビジネスの情報収集に努めておく。ただ情報を集めるのではなく、問題意識を持って情報に触れていなければ、「新しい何か」に気づくことはできない。そうして、有益な他社ビジネスを発見したら、即座に、「どこが優れているのか」「なぜその特長は実現できたのか」を分析する。自社ビジネスと組み合わせることができる特長だと判明したら、それらを取り入れる意思決定を迅速に行い、資源を投入して、実現させる。リサーチ、分析、発案、意思決定、資源分配、そして実行。これだけの複合スキルを発揮できる企業・人材に対して、「ただマネが上手い」とは言えないはずだ。

中国では、「人気の何か」「価値ある何か」は、学んで取り入れるのが当たり前のことだ。逆に、それをビジネスの「コピー」「模倣」「パクリ」と言って、悪として捉える日本の風潮の方が不自然と言ってもいいだろう。たとえば、あらゆるスポーツにおいて成功者の模倣は当たり前のことだ。野球、サッカー、テニス、あるいは陸上や水泳で、スポーツ選手の記録は更新され続ける。その理由は偉大な成功者の打ち方、投げ方、蹴り方、走り方、泳ぎ方を徹底的に分析して模倣したうえで、自身のオリジナルの方法へ昇華させることで選手が進化していくからだ。

職人の技術の世界でも、同じことが言える。昔ながらの職人の世界では、手取り足取り教えてくれない代わりに、「目で盗む」が当たり前だった。観察し、マネをしてみて、コツを覚えたうえで、自分なりに技術をさらに向上させていく。「学ぶは、真似る」という言葉がある通り、模倣の完全放棄は学びの完全放棄といっても過言ではないだろう。その模倣・学習がビジネスで行われていることに何も不思議はない。すでにある優れた部分を受け継ぎ、取り入れて、さらに優れたビジネスを生みだしていく。ベンチマーキングとは、伝承と進化を実現させるためのスキルでもある。

「メイド・イン・ジャパン」を支えたベンチマーキング

第二次世界大戦後の大昔にさかのぼれば、多くの日本メーカーが、ベンチマーキング・スキルを発揮することで飛躍を遂げてきた。自動車や家電製品など、欧米の進んだプロダクトを取り寄せ、分解して、構造を学び、模倣した。特長を見つけたら、さっそく自社のプロダクトに取り入れ、少しの差別化を加えて、新商品としてリリースしていった。日本が誇った「メイド・イン・ジャパン」の背景には、ベンチマーキングが確実に存在していたはずだ。

それがいつからか、オリジナル信仰を持つように変わってしまった。「もう学ぶことはない」とおごり、他社に学ばず、他国に学ばず、自社流・自国流に固執するようになった。気づけば、平成の失われた30年間にわたって、日本企業からイノベーションは生み出されなくなり、停滞を続けている。自らベンチマーキングを放棄しているにもかかわらず、昔の自分たちと同じように、中国がベンチマーキングから価値を生みだしていく様子に、うしろ指を指しているのが日本の現状だ。

中国ベンチャーは、一般的なイメージの通り、ベンチマーキングに長けている。それは、「パクリが上手い」という簡単な言葉で片づけていいものではなく、彼らの競争優位の源泉の1つになっているスキルだ。中国のビジネスパーソンは、情報収集に力を注ぎ、成功事例を分析して即座に取り入れ、そのうえで自社オリジナルの価値をつくり出していく。だから、互いにベンチマーキング・スキルを発揮し合う中国市場での競争は、激しく、厳しいものだ。差別化はすぐにライバルに模倣されてコモディティ化してしまうため、1つの差別化に時間をかけすぎては勝ちあがることはできない。ライバルに追いつかれないよう、高速で差別化を量産していくことが求められ、そのためにスキルが日々鍛えられている。

コモディティ化と戦うラッキンコーヒー

瑞幸珈琲（ラッキンコーヒー）は、2017年、女性の連続起業家である銭治亜（チェン・ジーヤ）氏によって創業されたカフェ・ベンチャーだ。チェン氏は、オンライン・レンタカーの神州優車（シェンジョウヨウチャア）でCOO[*1]まで勤めたあと、そこからスピンアウトさせた配車サービス・ベンチャーの共同創業者として活躍した。残業続きの激務の日々に手放せなかったのがコーヒーだったという。それがきっかけとなり、コーヒーの愛飲者として、「スターバックスのコーヒーの価格は手頃ではなく、最高のコーヒーとも言えない。私たちは最高のマシンとテクノロジーで、コーヒー市場の頂点を目指す」と宣言してつくったのが、ラッキンコーヒーだ。

2018年1月、北京に1号店をオープンすると、"Crazy Luckin"（イカれたラッキン）

と呼ばれるほどの異常なスピードで出店を拡大させていく。コーヒー文化が浸透している都市部のオフィス街を中心に、創業からわずか1年で2000店舗以上をオープンした。ラッキンコーヒーは、中国史上最速でユニコーン[*2]になったベンチャーであり、2019年5月には創業から18カ月後という早さで米ナスダック上場を果たし、最速記録を樹立した。

その急成長のカギは、カフェを従来どおりの立地型サービスではなく、テクノロジー・サービスとして位置づけた点にある。アプリをビジネスの中心に置き、サービス、立地、マーケティングを設計したのだ。

コーヒーを飲みたいと思ったユーザーは、まずラッキンコーヒーのアプリを開く。アプリには位置情報から、最も近い店舗が自動表示され、メニューリストから、商品をタップしてオンライン決済で購入する流れだ。受け取り可能の通知が来たらカウンターに行き、アプリ画面をQRコードの読み取り機にかざせば商品を受け取れる。店舗到着の数分前に注文しておけば、待ち時間なしで受け取ることも可能だ。また、オフィスや自宅に配送してもらうのも一般的で、利用の大半がテイクアウトか配送だ。つまり、「現金0、行列0、待ち時間0」を競争優位とするカフェである。

そのため、ラッキンコーヒーは人の集まる一等地に大型店舗を構える必要がない。店舗にレジは不要で、数人の従業員が入れるキッチン・スペースと受け渡し窓口さえあれば十分であり、オフィス街のビルの小さなスペースに座席なしで出店するケースも多い。北京、上海、杭州、深圳などの中心部では、すでにどこにいても半径500メートル以内にラッキンコーヒーの店舗が見つかる状況が実現している。

ラッキンコーヒーは、「美味しいコーヒーを安く提供する」という1点を実現す

図10:ラッキンコーヒーの商品

出典:筆者撮影

るために、サービスを設計している。商品は、ライバルのスターバックスよりも約2割安い（図10）。そして特徴的なのがクーポンを積極的に配布するプロモーション戦略だ。クーポン配布に多額の資金を投入するプロモーションは「燃銭（シャオチェン）」と呼ばれる、中国ベンチャーの常套手段だ。ただし、ラッキンコーヒーの燃銭では、まさしく言葉の通り投資家や株式市場から集めた資金を燃やし尽くすほどに大規模なクーポン配布が行われ続けている。じつはラッキンコーヒーは創業以来ずっと赤字を続けているのだが、それはこの燃銭による戦略的なものだ。

ラッキンコーヒーのユーザーには、アプリ登録時と友人紹介時にコーヒーの無料クーポンが配られる。その後も、クーポンは週に1度のペースでアプリに届き続ける。また、「2杯買うと1杯無料」や「5杯買うと5杯無料」など、家族や友人、同僚の分をまとめて注文するとお得になるキャンペーンが展開され、利用者が周囲の人を巻き込みたくなるような仕掛けがつくられている。まずは無料で飲んでもらい、安くて美味しい味、モバイルオーダーと配送の利便性からヘビーユーザー化を狙うものだ。

変革を迫られたスターバックス

こうしたラッキンコーヒーの差別化戦略と猛烈な成長スピードを受けて、ライバルのスターバックスも大きく動いた。2018年8月、スターバックスはアリババとパートナーになり、ビジネスを革新させる方針を発表した。アリババ傘下になったウーラマと提携し、コーヒーの配送サービスを開始。配送注文用の商品をつくる際には、アリババ傘下であるフーマフレッシュの厨房スペースを利用することになった。さらには、「スターバックス・ナウ」というモバイルオーダー・サービスを開始し、北京には、世界初となるテイクアウト専門店もオープンした。

こうした取り組みは、「サードプレイス」というくつろげる空間の提供に力を入れてきたスターバックスにとって、自己否定にもつながりかねないものだ。そこまでしなければならないほどに、敵の脅威が大きく、ラッキンコーヒーの差別化を早急に打ち消す必要があったということである。他の大手もこの動きを続々とフォローしていった。マクドナルドもモバイルオーダーと配送に力を入れ、より安価なコーヒーを提供することでコーヒー競争に参入しはじめている。序章でも述べた通り、「現金0、行列0、待ち時間0」は、ケンタッキー、バーガーキングなどの多くのファーストフード・チェーンにも導入され、いまやラッキンコーヒーの専売特許ではなくなった。

中国では、ライバルの差別化を打ち消すコモディティ化の速度が、劇的に速い。同業・他業の優れた取り組みは、即座に模倣して取り入れ、自社の既存ビジネスと組み合わせていく。こうしたスターバックスやマクドナルドなどの対応を、日本で考えられるだろうか。急成長してきたとはいえ、創業間もなく、実績は不確かで、ひょっとしたら1年後には自滅している可能性だってあるベンチャーの取り組みを、大手がすぐに取り入れていくのだ。中国企業は、次の一手が常に求められ続ける競争環境に身を置いて戦いを続けているのだ。

2020年4月、ラッキンコーヒーは架空売上の粉飾決算が発覚し、激しい非難と株価暴落に直面した。"Crazy Luckin"の華々しい歩みには大きな影が落とされ、急ストップすることは確実だ。ただし、同社のこれまでのすべてを否定するのは早計だろう。沈むか立て直すか、今後によって評価は左右される。

マインド

見栄と張り合い

「遅れたら恥」の文化

小さなビジネスを大量につくり出すブルーポンド戦略、その実践にはベンチマーキング・スキルが求められる。続いては、ベンチマーキング・スキルを発揮するための土台となるマインド、見栄と張り合いについて紹介していこう。

中国の家庭を訪れてみると、日本人から見れば不思議な点があることに気づく。たとえば、リビングルームにはダイキン製の最新のエアコンがあるにもかかわらず、真冬でも作動させないことが多い。それでいて部屋の中でもダウンジャケットを着たり、分厚くて暖かいパジャマを着たりして過ごしている。もちろん、中国14億人の全員がそうしているとは言わないが、多くの地域でよく見られる光景だ。

筆者の中国人の知人の家には、温水洗浄便座や浴槽があるが、実際に利用されている場面を見たことはほとんどない。そもそも、温水洗浄便座を利用するのも、シャワーで済ませずにお湯を貯めてお風呂に入るのも、世界のなかで日本人くらいなものだ。では、なぜ使わないのに家に置かれているのか。それは「お客に見せる」ため、つまり見栄を張るためなのだ。中国では、自分をよりよく見せようと他者と見栄を張り合うのが一般的だ。自らを低く見せるような遠慮や自虐はまず行われない。だから、親戚や知人を自宅に招待したとき、しっかりと見栄を張れるように最新の設備やおしゃれなインテリアを揃えておきたいと考えるのだ。

これは家庭の内装にも表れている。インテリアの好みも、日本は暮らしやすさ重視だが、中国は見栄え重視だ。日本では、家電や家具は住空間で他のモノと調和するように、無難でベーシックな色合いやデザインが好まれる。一方、中国では派手で色鮮やかな主張の強いデザインが好まれる。

先述した知人宅をひさしぶりに訪れたとき、玄関のカギが指紋認証式になっていて驚いた。すると「これが最新式だ」「現在はみんなが指紋認証にしているよ」とうれしそうに説明してくれた。中国人は上昇志向が強く、クチコミに敏感で、流行や新しいモノへの感度がとても高い。「最新のトレンドを知らなかったら、流行に遅れてしまったら、恥」なのだ。誰かが日本で不動産投資をして大きく儲けた、と聞けば、大勢がすぐにフォローする。誰かがアプリでの資産運用を勧めれば、とりあえず自分もやってみよう、とはじめる。動画配信やライブ販売が人気と聞けば、「自分も買ってみよう」「自分でも配信・販売をやってみよう」と、輪に加わっていく。

流行に敏感なシニア層

こうした「遅れたら恥」のマインドは若者だけでなく、50代・60代のシニア層にも根づいている。中国では、旧正月にお年玉として「紅包（ホンバオ）」を贈り合う習慣がある。日本と異なるのは、現金を入れる封筒が赤い点だ。身内が集結する食事会などでは、大量の紅包が飛び交う。キャッシュレス決済が深く浸透した中国では、この紅包まで電子化が進んでいる。それが、ウィーチャット・ペイで送る紅包「ラッキー・マネー」だ。

ラッキー・マネーは、3人や4人など指定した贈り先に、ウィーチャット・ペイの残額から設定した金額を、ランダムに分配するものだ。たとえば、5000円を3人に送った場合、相手にはランダムに、3000円、1000円、1000円といった形で届く。多くもらえたらラッキーだから、「ラッキー・マネー」と名づけられている。これは、親から子へ送られるほか、知人同士でも送り合われている。お遊び感覚のお祝いだ。キャッシュレスで、現金のやり取りがとてもカジュアルに行われている。

そして驚くべきは、50代・60代のシニア層が、抵抗なくラッキー・マネーを楽しんでいる事実だ。もちろん、赤い封筒に現金を入れて送る、伝統的な紅包も続けられているが、新しい流行の「ラッキー・マネー」も取り入れて楽しまれている。中国人は、シニア層まで含めて、新しいこと、便利なこと、流行っていることの受け入れがとても速い。シニア層も、周りのみんながやっていることを「知らない」「できない」と言うことを、恥ずかしいと感じる。だから、常日頃、情報収集してトレンドをチェックし、新しいトレンドはすぐに受け入れて参加していく。「遅れたら恥」の文化によって、伝統や習慣をアップデートさせることができている。このマインドがあることで、中国人のベンチマーキング・スキルは、存分に発揮されるようになっている。

よいモノは偏見なく評価する

中国人は、新しいモノ、便利なモノ、お得なモノ、流行しているモノに対してアンテナを高く張って積極的に情報収集し、いち早く受け入れていくマインドを持っている。そして、彼らに特徴的なのは「いいモノは偏見なく評価し、即座に受け入れられる」フラットな目線も持ち合わせている点だ。

第2章で紹介したように、中国人は愛国心が強く、政治領域に土足で踏み込まれたり、あからさまにリスペクトを欠いた対応を取られたりすれば一気に心の扉を閉める。しかし、そうした地雷を踏まなければ、彼らのマインドはじつはオープンに開かれているものだ。たとえば、多くの中国人は歴史や政治の観点から見れば日本を快く思っていないが、日本のプロダクトやコンテンツは高く評価して受け入れている。

たとえば、他の何よりも信頼性を求められるベビー用品において、日本の哺乳瓶やオムツが大人気なのは、メイド・イン・ジャパンへの信頼の証と言える。ほかにも資生堂の化粧品、象印マホービンやタイガー魔法瓶の水筒、キヤノンやニコンの一眼レフカメラなどは、自分でも使いたいし、人への贈り物としても喜ばれる人気商品になっている。

ただし、お土産に関しては、モノさえよければ選んでもらえるかと言えば、そうではない。中国人にとってお土産は、中国で有名なモノでなければ意味がないからだ。「みんなが知っている」は絶対条件になる。だからこそ、お菓子では中国で知名度の高い「白い恋人」ばかりが選ばれ続けている。

コンテンツに関しては、日本の漫画やアニメは昔から人気が高い。現在の20代・30代の中国人は、「ドラゴンボール」や「スラムダンク」で育った世代であり、「ワンピース」「ナルト」「ブリーチ」は中国でも3大アニメと言われて人気を集めた。2019年の映画「天気の子」の公開時には、電車の床から壁面まで全面のラッピング広告が行われ、日本以上に大掛かりなプロモーションとして話題になった。

中国にとって、近くて安全な日本は、観光、買い物、医療、留学先としても高い評価を集めている。買い物先としては、確実に本物が売られていて、なおかつ中国国内より安く買える場所として日本の人気は高い。アイフォンや、アパレル・ジュエリーのハイブランド品に関して、いまや日本は中国国内よりも安く買える場所に変わっている。また、医療の質が高く病院の数も豊富な日本は、医療ツーリズムの対象としても人気を集めている。さらに、欧米よりも距離が近くて治安のよい日本の大学は、とくに女子大生の留学先として選ばれやすくなっている。

同様に多くの中国人はアメリカのことは政治的に快く思っていない。それでも、アイフォンなどのプロダクトそのものは高く評価されている。２０１８年の独身の日のセールにおいて、スマートフォン売り上げランキングのトップはアイフォンで、2位ファーウェイ、3位シャオミと続いた。*4 独身の日限定でアイフォンの大幅値下げが行われたことから、普段は高額すぎて敬遠していた層が一気に買い求めた結果と考えられる。

また、アメリカは好きではなくても、マーベルの人気キャラクターのアイアンマンやキャプテンアメリカは、中国で絶大な人気を集めている。若者も子どももヒーロー映画に熱狂し、グッズを買い求めている。中国のスーパーやショッピングモールに行けば、必ずと言っていいほど文房具・生活雑貨・アパレルなどのマーベル・コラボグッズが揃えられている。雑貨チェーンの名創優品（メイソウ）が実施した大規模なマーベルコラボ・フェアは大人気となり、多くのお客を集めた。

中国人は、愛国心で目を曇らせているわけではない。偏見なくフラットに価値を判断する冷静な目を持ち合わせている。だからこそ、「いいモノはいい」として、即座に何でも評価し受け入れていくマインドが醸成されている。それが中国人ビジネスパーソンのベンチマーキング・スキルを発達させているのだ。

学び

習慣と仕組みで、ポンドを量産する

ベンチマーキングの習慣化

中国ベンチャーのブルーポンド戦略から、日本企業はまずベンチマーキングの習慣づけを学ぶ必要がある。本章で繰り返し指摘してきたように、ビジネスを立案・構築するプロセスには、新たな組み合わせをつくる作業が求められる。同業他社の取り組みから抜き出してきたパーツや、他業種の取り組みから一部を模倣したパーツなどを数多く揃え、それらと自社の既存ビジネスのパーツを新たに組み合わせていく。そのために日常的に情報収集を行い、他社ビジネスの特長を探し、手持ちのパーツを増やしておく習慣は、あらゆる業種・規模の企業にとって不可欠のものである。

もしも、他社をベンチマークすることに対してどうしても引け目や負い目を感じてしまうとしたら、身の回りの企業、とくにベンチャー企業が積極的にベンチマーキングを実践しているという事実をもっと知るべきだ。「じつは身近な企業が実践している」と知れば「だったら自社でも」と思えるようになるだろう。まずは知ることで、ベンチマーキングに対する心理的ハードルを下げてもらいたい。ここではそんな例をいくつか紹介しよう。

2013年にディー・エヌ・エーでリリースされ、その後、2015年にディー・エヌ・エーから分社化されたショールームによって展開されるライブストリーミング・サービス「ショールーム」は、中国ベンチャーの歓聚時代（YY）をベンチマークしてつくられたものだ。

2005年に李学凌（リガクリョウ）氏によって創業されたYYは、巨大な中国ライブストリーミング市場の代表的企業の1つである。一般の素人による歌やダンス、トーク、ゲーム実況などのライブ配信に対して、同じ一般視聴者がチップ（投げ銭）やコメントを送って楽しむ。なかでも人気の高いコンテンツが、「美女直播間」である。これは若い女性による配信で、応援する男性からのデジタルギフトが集中しやすい。デジタルギフトは現金に換金できるため、田舎に暮らす女性がライブ配信で多額のデジタルギフトを集め大金を稼ぐという成功例が続々と現れた。そうした成功者が現れると、即座に大勢のフォロワーが続くのが中国だ。配信者が急増し、配信者同士、視聴者同士での競争（見栄と張り合い）が加熱している。その熱狂ぶりは1度に数百万円のチップを送る視聴者や、月に数千万円を稼ぐ配信者が出るほどだ。

このＹＹという成功事例のベンチマーキングから、さまざまな気づきを得ることができる。一般人が同じ一般人の素人の配信者を応援したいと願う心理。ファンが金銭的なスポンサーになることを望むニーズ。「誰がいくら課金して応援したか」という、ファンの存在と熱量を配信者へ伝える喜び。仮想空間を通じて、配信者と視聴者の両方が抱く承認欲求。こうした気づきを取り入れて、ＹＹは一般人同士をメインターゲットにしていたのに対して、対象を「タレント・地下アイドル・芸能人の卵・予備群」と「一般人」に変えることで、ブルーポンドをつくったのがショールームだ。

ほかにも、メルカリのキャッシュレス決済「メルペイ」は、見事なまでにアリババのアリペイをフォローしたものになっているし、ソフトバンク系のキャッシュレス決済「ペイペイ」のキャッシュバック・キャンペーンは、アリペイのプロモーションを模倣したものだと公言している。日本のなかでも、大企業や中小企業に比べて、ベンチャー企業は中国ベンチャーがどれだけ飛躍を遂げているかをよく知っている。同業者として、デジタル領域において中国ベンチャーが世界最先端を進んでいる事実を受け止めている。そのため、シリコンバレーのベンチャーと同様、中国ベンチャーをベンチマーキングの対象に入れ、特長を模倣して取り入れて、自社ビジネスの差別化に活用している。

ポンドを量産する仕組みづくり

一般に、日本では「数より質」が重視されて、1つの差別化に時間をかけすぎる。そのよさも確かにあるが、ハードのものづくりの差別化と、デジタルの差別化では時間感覚が異なる。デジタル分野の競争はハイスピードで行われる。そして現在、あらゆるプロダクトはデジタル化しはじめている。そうした環境下では、ポンドを高速に量産していくための制度や風土は不可欠のものになる。中国ベンチャーだけでなく、これを実践している日本企業もいる。アイデア出しの仕組み、製品化の仕組みについて、現在進行形で効果的な取り組みを進めている国内事例を取り上げてみよう。

医薬品や衛生雑貨を展開する小林製薬では、社員に対してアイデア出しを強制する仕組みをいくつも設けている。[*5] 重要視しているのは、とにかくアイデアを出させる点だ。アイデア出しを強制されることで、社員は周りの人に尋ねてみたり、競合他社や他業種の取り組みからヒントを探したり、ユーザーの観察をしたりして、必死になってアイデアを探すようになる、と考えられている。

小林製薬の全社員が新規アイデアを提案する、この「あったらいいな開発」は、1982年からずっと続けられているものだ。全社員が毎月1件以上のアイデアを考え、年間3万件ものアイデアが集められて、商品化につなげられている。創立記念日の8月22日には、「全社員アイデア大会」が開催される。全社員がアイデアを出し、グループ・課ごとに代表アイデアの選考が重ねられ、各事業部で勝ち残ったアイデアによる決勝大会が行われる。そこで優勝したアイデアは、すぐに商品化されることになる。また、これらとは別に、開発担当者は毎月1回、社長に対して直接、新製品アイデアをプレゼンすることになっている。

家電・寝具・インテリア・園芸用品・ペット用品などの製造・販売を手掛けるアイリスオーヤマは、売り上げの5割以上を、発売から3年以内の新商品で達成するという目標を掲げ、それを実現させている。[*6] そのために、年間１０００点以上の新商品をリリースし続けている。同社が商品開発で重視しているのは、担当者のユーザー感覚だ。広く一般消費者を対象にしたリサーチからわかるニーズは、競合他社と同じ結果になりやすく、また潜在需要まではわからないと考え、同社では市場調査は参考にはしても重要視していない。その代わり、ペット用品の担当者が実際にペットを飼って暮らすことで気づく「何か」、園芸担当者が庭付きの家に住んで園芸をすることで気づく「何か」、といったユーザー感覚を重要視して、製品化を進めている。

アイリスオーヤマで30年以上にわたって続けられているのが、毎週月曜日の「プレゼン会議」だ。現場のアイデアをチーム長・課長・部長が順々に見ていく稟議書スタイルは、時間がかかるうえにアイデアが削られやすいと考え、採用していない。かわりに開発に関わる一連の関係者と、役員・幹部、会長までが一堂に集まる場を設けて、一気に議論・決定を進める新商品開発会議が行われている。毎週の会議では、60件ほどのアイデアが発表される。1件あたりのプレゼン時間は3分で、企画書はＡ４で１枚以内と決められている。「ユーザーのどんな不満を解決できるのか」を中心に、既存製品との差別化、ライバル企業との差別化、利益構造などが簡潔に議論され、即座に製品化されていく仕組みがつくられている。

オフィス用品・電子文房具メーカーのキングジムは、「独創的な商品を開発し、新たな文化をもって社会に貢献する」という経営理念を掲げている。[*7] 同社ではまだ世の中に存在しないものを創造するために、事前リサーチは行わず、新規アイデアはすぐに商品化している。リサーチに時間とカネをかけるのではなく、いち早く形にして、消費者に提示してみるスタイルが実践されている。まずモノにして提示することで、市場の声を引き出す考えだ。そのため、商品をリリースしたあとの顧客リサーチは丹念に行われ、市場の声を拾い上げて次の商品へ反映していく仕組みがつくられている。

アイリスオーヤマ同様、キングジムでも、重要視しているのは担当者自身のユーザー感覚だ。他人の欲しいモノを聞くよりも、自分自身が欲しいモノをつくる、という感覚が大切にされている。担当者が、個人的に、熱烈に「欲しい！」と思うモノならば、同じ思いを持つ潜在顧客がいるかもしれない。そう考えて、多数決制ではなく、たった1人の熱意があれば、商品化にはストップをかけない。社長や役員が参加する商品開発会議は行われるが、これは担当者に責任を押しつけないためのもので、現場や開発部から上がってきたアイデアは、ほぼすべて製品化してみることにしている。

そうしてリリースされる新商品は、「10個に1個がヒットすればいい」と考えられている。もちろん、成功率が高いに越したことはないが、失敗を責めることはしない。リリースしたことで得られる情報こそが財産、と考えているからだ。ダメならば素早く撤退の判断をして「なぜ売れなかったか」の検討会から、次に活かせる知見を得ればいい。

現場の社員には、「必ず成功させなければいけない」ではなく、「もしかしたら売れるかもしれない」という気持ちでの挑戦を促している。ただし、「失敗しても気にしない」という失敗慣れは禁じている。売れない商品をつくった担当者は、恥じずに、悔しがり、次の成功を狙っていく。チャレンジし続けられる文化をつくり、挑戦に成功した担当者はヒーローにする。同社では、ヒット商品について社長に取材依頼が来ても、担当者に回すようにしている。

小林製薬、アイリスオーヤマ、キングジム、3社はいずれも、差別化されたポンドを量産する仕組みを設計し、実践している。共通するのは、アウトプット（成果）とインプット（学習）の関係だ。

3社は、まず「アウトプットさせる仕組み」をつくることによって、インプットの努力を促している。毎週、毎月、同僚と競い合って、差別化された商品アイデアや販売戦略を提案しなければならない仕組みがあるからこそ、社員はそれぞれ自主的に、猛烈なインプットに励むようになるのだ。通常、企業でも個人でも「インプットしてからアウトプットする」という順番が取られやすい。企業であれば、研修・セミナーを通じて新たな知識や戦略をインプットさせて社員の成長を促し、彼らのアウトプットに表れることを期待する。個人でも、読書をしたりオンラインサロンに参加したりしてインプットを増やし、その後の自身のアウトプットが変わることを期待する。もちろん、その順番でも効果はあるだろう。しかし、この順序は往々にして即効性を伴わなかったり、効果がなかったり、期待外れの結果におわるケースが少なくない。多くの人は、明確な期日があるからこそ、その日に向けて努力を続けられる。そして、強制的にアウトプットを求められる仕組みと期待値があるからこそ、自分自身に厳しくなれて、ハードルを乗り越えるために努力することができる。

新規アイデアを求める仕組みをつくることで、社員は自主的にアンテナを張って情報収集に励み、他社ビジネスを分析する。さらに、その特長を模倣して取り入れ、新たな組み合わせをつくって、差別化されたアイデアを生み出す訓練ができるようになる。だから、企業の研修・セミナーは、まずアウトプットの仕組みを設けたうえで、アウトプットするための勉強の場として社員に提供する方が効果的だ。個人も、期日のあるアウトプットに迫られる環境を自分でつくったうえで、インプットに励んだ方がはるかに生産性を高められるだろう。

ここで、「そうは言っても、できる業界が限られる」「扱う製品ジャンルが異なるから難しい」といった言い訳をするべきではない。新規プロモーション・アイデアや新規事業アイデア、社内起業プランであれば、どの業界、どの規模の企業でもはじめられるはずである。とくに日本では、大企業ほどブルーオーシャンをいきなりに求めやすい。「自社が手掛けるに値する」と評価するビジネスの最低規模が大きく、小さなポンドをつくることを敬遠しがちだ。しかし、オーシャンはポンドから生まれるのだ。ポンド量産に向けた仕組みづくりの重要性に気づいたら、まずはその先行事例のベンチマークをして、模倣して取り入れてみればいい。「学ぶは、真似る」を思い出さなければならない。

第3章まとめ

- 【戦略】ブルーポンド戦略：ポンドを量産し、「ブルーオーシャンの水源」をつくる
- 【スキル】ベンチマーキング：優れたビジネスを分析し、その特長を吸収する
- 【マインド】見栄と張り合い：アンテナを張り、何事も即座に評価して受け入れる
- 【学び】ベンチマーキングの仕組みをつくり、学び、真似て、ポンドを量産する

注釈

＊1 COOとは、Chief Operating Officer（最高執行責任者）の略。

＊2 ユニコーンとは、設立10年未満で企業価値10億ドルを突破した未上場のベンチャー企業の呼び名である。

＊3 36Kr Japan「粉飾決済で炎上した中国「luckin coffee」、創業者が謝罪「あまりに成長を急ぎ過ぎた」」を参照。
https://36kr.jp/65942/

＊4 CNBC「Apple was the top-selling mobile phone brand on Alibaba platforms during Singles Day, beating Chinese rivals」を参照。
https://www.cnbc.com/2018/11/12/alibaba-singles-day-2018-apple-was-the-top-selling-mobile-phone-brand.html

＊5 東洋経済オンライン「小林製薬「小さな池の大きな魚」戦略の舞台裏」、「PRESIDENT online「〝あったらいいな〟をカタチに「質問、メモ、会議」の秘密」を参照。

＊6　マネー現代「アイリスオーヤマだけが「ヒット商品」を連発できる必然的理由」、PRESIDENT Online「〝6割が新製品〟アイリスオーヤマの企画術を参照。
https://gendai.ismedia.jp/articles/-/59930
https://president.jp/articles/-/25598

＊7　CNET Japan「「売れなかった事実」が財産--キングジム宮本社長のユニーク製品の生み出し方」を参照。
https://japan.cnet.com/article/35129803/

COLUMN

3

副業で、無意識に養われるベンチマーキング・スキル

中国人と話していると、「誰もが『稼ぐ力』を身につけたがっている」といつも感じる。

そもそも、具体的な給料の話をしたり、家賃や購入価格といった不動産関連の話を打ち明けたりすることは日本では敬遠されやすいが、中国ではよくある話だ。「どれぐらい、どうやって稼いでいるか」を話し合い、「私もやってみよう」「いや、私はもっと違うやり方でやろう」と考える。そうした情報交換は、本業だけでなく、副業についても活発に行われる。日本でも副業が広まりつつあるが、中国では昔から副業はごく当たり前のことだ。

多くの中国人が、不動産や株への投資を活発に行っている。あるいは、教員がこっそり個人塾を営むこともあるし、同僚と一緒に飲食店やスポーツ教室を経営していることも珍しくない。HP作成、ネット広告、コンサルティングなどは、最低限のスキルを持っていて、あとは人脈さえあれば知り合いから仕事を受注することは容易だ。

こうしたさまざまな副業は、自分事としてマーケティングを実践する絶好の機会でもある。そして、副業の多くが成功者の模倣からはじめられている。日本人にとってイメージしやすいのは、メルカリでのお小遣い稼ぎだろう。

高額で取引されている商品・ブランドはどんなものなのか。上手く売っている人は、どんな写真と文章で商品の魅力を伝えているのか。相手が買いたくなるギリギリの価格ラインはいくらなのか。どんなメッセージのやり取りをすると、高評価が得られて、相手をリピーター化させることができるのか。こうしたマーケティング的な事柄を無意識のうちに考えて、メルカリを利用しているはずだ。その一連のプロセスは、情報収集をして成功している人を参考に、模倣して取り入れながら、自分なりのオリジナリティを出す、というベンチマーキング・スキルの発揮に他ならない。つまり、副業に慣れ親しんでいるという意味でも、中国人のベンチマーキング・スキルは必然的に高くなるわけだ。

副業のなかで、もっともベーシックなものが、安く仕入れて高く売る、転売だ。日本でもよく行われるようになっているが、中国の転売は、量も額も桁違いである。化粧品、雑貨、アパレルなど、安くて高品質で、確実に本物が手に入る日本は、転売品の調達先としても人気だ。そして、転売の対象はモノだけではない。

中国人が、日本の不動産を買い求めるのには、3つの理由がある。1つに中国では土地は国のモノであり、所有権が認められていないこと。だからこそ、所有権を買い取れる日本の不動産は、純粋に資産として魅力的だ。2つめに、日本の不動産は中国の都心部と比べて安いこと。たとえば、深圳のタワーマンションは中層階の部屋でも3～5億円はよくある価格帯だ。上海ならさらに高額となる。それと比べれば、日本の六本木や豊洲のタワーマンションは、中国の富裕層にとって割安であり、買いやすいのだ。そして3つめ、日本の不動産の投資と売却は、みんながやっている、一種のトレンドになっていること。みんながやっていて、売却益で儲けた人の話をよく聞く。だから、「私もはじめなきゃ」とさらに人気が高まっていく。不動産に関しても、日常的にベンチマーク活動をして稼いでいく。

「副業をしている」とは、「日常的にベンチマーク・スキルを磨いている」ことと同義なのだ。

第4章

ブリッツスケール

高い目標を掲げ、急拡大させる

ブリッツスケール

ライバルを置き去りにする急拡大

リープ・マーケティングの4つ目の戦略となるのが、ブリッツスケール（電撃的拡大）だ。数多くつくった小さなビジネス（ポンド）のなかから、選択と集中を行い、これと決めたポンドに焦点を定めて、圧倒的な速度と規模で急拡大させる。ポイントは、そのスピードにある。

有望なポンドをつくれても、その後の規模拡大が緩やかなスピードであれば、競合企業が参入してきてしまうだろう。強いブランド力と豊富な資金力を持つ後発の大企業が、先発のベンチャーが開拓した市場を上から奪い取って、オーシャンへ広げていくケースは実際のところ少なくない。また、下からも新たなベンチャーが続々と参入してくる。上から現れる大企業と、下から突き上げてくるベンチャーが強力なライバルになる前に、ポンドをオーシャンへ急拡大させて、そのカテゴリーにおける「キング」の地位を確立しておくことが望ましい。一気にプロダクトを更新・強化して、普及を広げ、顧客を囲い込むことができれば、ライバルの参入そのものに歯止めをかけることができる。

また、多くのビジネスは一定以上の規模に広がることによって収益性が高まる。規模の経済性に従って、普及が広がるほど商品1つあたりのコストは低く抑えられるようになる。利用者の手数料や広告を収益源とするネットサービスでも、一定ライン以上に普及して初めて黒字化するケースが一般的だ。ビジネス特化型SNSのリンクドインは、数百万人の登録者が集まってようやく利益が出るようになった。ネットオークションのイーベイ、消費者間取引の淘宝（タオバオ）やメルカリは、そもそも一定規模の買い手と売り手が揃ってからでないとサービスが成立しない仕組みになっている。

GAFAで見てみると、1994年に創業したアマゾンは、1996年から1999年の3年間で収益を510万ドルから16億4000万ドル、登録口座数を18万から1690万、従業員数を151人から7600人へとブリッツスケールさせた。1998年に創業したグーグル（現アルファベット）も、2001年から2007年の6年間で収益を8600万ドルから166億ドル、年間検索件数を270億件から3720億件、従業員数を284人から16805人へと変貌させている。2004年創業のフェイスブックも同様で、2006年から2011年の5年間で、収益を4800万ドルから37億ドル、月間アクティブユーザー数を1200万人から8億4500万人、そして従業員数を150人から3200人へと劇的に拡大させている。

高い目標が急拡大を生む

こうした急拡大に不可欠となるのが、高い目標設計だ。「ゴールをどこに置くか」が、ブリッツスケールにおいて極めて重要な要素になる。明確で高いゴールを掲げなければ、ヒト・モノ・カネは集められないし、それらを有効活用することもできない。ビジネスの飛躍の兆しを感じ取り、高い目標を掲げ、リスクを取って急拡大させられるかどうかに成否がかかっている。

あるいは、目標設計は「ライバル選び」と言い換えてもいい。ＩＴビジネスであれば、

「GAFAを超える」と言えるかどうか、と考えればわかりやすいだろう。この点において、カフェ・ビジネスで「スターバックスを超える」と宣言したからこそ、ラッキンコーヒーはヒト・モノ・カネを集めて、猛ダッシュを続けてこられた。

基本的なビジネスサイズの成長曲線は、プレーヤーごとに特徴が分かれる（図11）。大企業と中小企業は、それぞれ適正規模で適正成長を目指しやすい。とくに失敗とリスクを敬遠しがちな日本の大企業と中小企業では、自社の既存ビジネスを踏まえたうえで、堅実な適正成長が選ばれる傾向にある。それに対して、ベンチャー企業はそ

図11：主体別に見たビジネスサイズの成長曲線

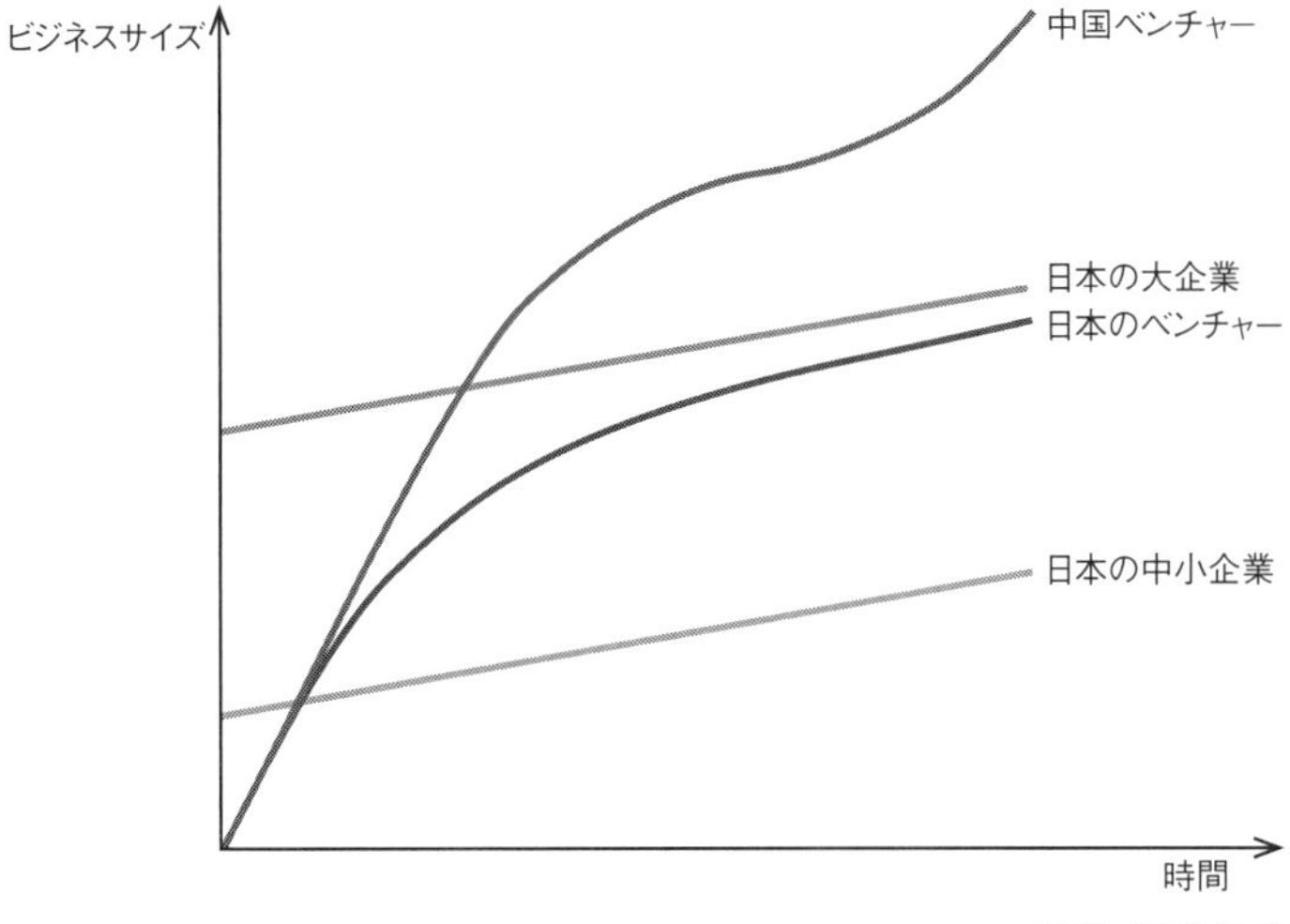

出典：筆者作成

もそも「短期間で急激な事業成長と規模拡大を狙う新興企業」と定義される組織であり、“Get Big Fast”（速く、大きく）を追い求める存在だ。そのため、ハイリスク・ハイリターンで、通常では考えられない速度と規模でビジネスを大きくしていく。だからこそ、その飛躍の可能性にかけたエンジェル投資家やベンチャー・キャピタルから資金を調達することができる。

日本のベンチャーのほとんどは「中小企業」

この点に関して、日本のベンチャー企業の多くは、実態としては中小企業に分類される「自称ベンチャー」だ。ビジネスの急激なスケールは目指さずに、着実な適性成長を狙っている。そうした「自称ベンチャー」は「中小企業」と呼ばれることを嫌うが、良し悪しは関係なく、目標と成長プロセスの観点でベンチャーにはなれていない。日本における近年のベンチャー・ブームは、スモールビジネス・ブームと表現した方がふさわしいだろう。

また、日本のベンチャーの特徴として、既存の大企業のビジネスサイズに収まる傾向がある。その大きな要因となっているのが、ビジネスが国内市場に限定されやすい点だ。日本に限らず、創業時から世界市場を狙う「ボーン・グローバル」と呼ばれるような企業はそうそう出てこないもので、まずは国内市場での成功を狙い、ある程度の成功をおさめられたら、海外進出に着手していく。日本の国内市場には、1億人という人口の限界が存在する。そして、ごく一握りの大企業を除いて、日本のほとんどの大企業とベンチャーは国内市場では成功できても、グローバル市場では成功をつかめていない。そのためビジネスサイズは、国内市場を対象にした一定ラインに収束していく。この傾向はモノづくり以上に、ネットサービスに顕著である。

一方、アメリカや中国のベンチャーは目標設計が高いことに加えて、そもそも国内市場も大きい。自国の人口というだけでなく、言語圏という意味で考えれば、英語と中国語はともに約15億人という巨大市場を持っている。英語は第二言語として世界中で使われているし、中国語は14億人の中国人に母国語として使われている。そのため、たとえば言語をベースにしたアプリや、言語アルゴリズムを用いたAIの開発において、15億人をターゲットにできる米中と、1億人からさらに人口減少が進む日本では、ビジネスサイズの桁が違ってくることは必然である。

それでは、いま世界でもっともビジネスを急拡大させている、中国ベンチャーのブリッツスケールについて、バイトダンスの事例を紹介したあと、スキルとマインドに構造分解しながら分析していこう。

アプリを世界でスケールさせるバイトダンス

2019年時点、企業価値8兆円を超える世界最大のユニコーンになっているのが字節跳動（バイトダンス）だ。張一鳴（ジャン・イーミン）氏が2012年に創業したバイトダンスは、「創造と交流のグローバルプラットフォーム」というミッションを掲げ、「今日頭条（トウティアオ）」「TikTok」をはじめ、億単位の月間アクティブユーザー数のサービスをいくつも展開している。[*1]

バイトダンスは、ネットビジネスにおいて、バイドゥ・アリババ・テンセントの三強に加わり、「BAT&T」と呼ばれる存在だ。[*2] この4社で2019年の中国国内における全ネット広告収入の8割を握り、アリババ、バイトダンス、バイドゥ、テンセントの順位になっている。また、スマートフォンを通じたすべてのサービス利用の50%はウィーチャットとアプリゲーム最大手のテンセントが占めているが、バイトダンスは2位の10%を獲得し、検索サービスや地図アプリを展開するバイドゥの7・5%を上回っている。2012年の創業から10年未満でBAT三強の牙城を崩すほどの躍進を遂げている。バイトダンスがどれほど劇的にビジネスをブリッツスケールさせてきたのかが読み取れるだろう。

バイトダンスのサービスの強みは、AIによってユーザーが興味を持ちそうなコンテンツを提供する強力なレコメンド機能だ。その強みを発揮した同社最初のヒットサービスが、現在でも主力サービスの1つとなっているニュースアプリ「今日頭条（ジンリゥ・トゥティアオ）」である。ユーザー一人ひとりの関心に最適なニュースを配信し、その高いレコメンド精度によって「朝起きたらとりあえず今日頭条を開いてその日の情報をチェックする」という中国人の日常習慣にまで定着した。月間アクティブユーザー数は5億人を突破し、世界最大規模のニュースアプリとなっている。

おなじくAIによるレコメンド機能を強みにヒットさせたのが、ショート動画アプリ

「ＴｉｋＴｏｋ」だ。中国国内では「抖音（ドウイン）」という名称である。それまで、中国のショート動画市場では、娯楽に乏しい内陸部・田舎のユーザー層をターゲットに生活感のある面白動画を流行らせたテンセント系のアプリ「快手（クワイショウ）」がトップを走っていた。そこに後発参入した抖音は、都市部の30歳以下の層に向けて、音楽やダンスに特化させたハイセンスなサービスにすることで差別化を図った。そして、ＡＩによる「見たいコンテンツが自動表示されるサービス」が競争優位として働いた。抖音のアプリを開くと、探す必要なくおすすめ動画が表示され、ストレスフリーで楽しめる環境が整えられている。ユーザーの属性情報や視聴履歴はもちろん、「いいね」やコメントの履歴、フォロー履歴、15秒の動画をどこまで見たか、その動画に使用されていた曲は何かなど、ありとあらゆる利用状況から、ユーザーの好みをＡＩが学習し、コンテンツの最適提供を実行する。投稿動画の内容や拡散状況の分析、ユーザーの利用状況の分析、そして動画とユーザーのマッチング。バイトダンスは、これらを最適化させるＡＩを徹底的に強化することで、高い体験価値を生みだし、ライバルとの競争に打ち勝っていった。

リープ・マーケティングのモデルケース

バイトダンスが他の中国ＩＴベンチャーと異なるのは、早期にグローバル進出を実行した点にある。「技術出海（技術は海を渡る）」と銘打ち、国内市場の攻略と並行して海外戦略を進めた。２０１６年９月に「Ａ・ｍｅ」という名称でサービスをリリースすると、その３カ月後には「抖音」にリニューアル。この抖音を中国国内で広めていくのと同時進行で、２０１７年８月にはＴｉｋＴｏｋのグローバル展開を開始した。そして、その３カ月後には、アメリカで人気を集めていたショート動画アプリ「ミュージカリー」の買収を実現させる。ミュージカリーのプロダクトと人材を吸収することで、ＴｉｋＴｏｋは、海外ユーザーに向けたサービスの更新と普及を加速させていった。

さかのぼると、もともと抖音は、このミュージカリーをベンチマークして生みだされたサービスだった。サンフランシスコで中国人2名が起業したベンチャー、ミュージカリーのサービスを、中国国内向けにＡＩによるレコメンド機能を特化させて差別化したものが抖音だった。その本家ともいえるミュージカリーを、バイトダンスは、約10億ドルの巨額で買収した。ミュージカリーを統合したＴｉｋＴｏｋは、翻訳不要のビジュアル・コミュニケーションとして、言語の壁を越えてグローバルなニーズを満たすことに成功していった。

ＴｉｋＴｏｋは２０１９年までに、世界１５０カ国でリリースされ、累計15億ダウンロードを突破、月間アクティブユーザー数は5億人を超えている。[*3] ２０１９年の世界のアプリ・ダウンロードランキングでは、1位「ワッツアップ」、3位「メッセンジャー」、4位「フェイスブック」、5位「インスタグラム」と、フェイスブック社が展開するサービスが上位を独占するなか、ＴｉｋＴｏｋが2位に躍り出ている。ＴｉｋＴｏｋはアメリカや日本でも普及を進めているが、とくにインド市場での普及が飛び抜けて進んでいる。インドにおいて「はじめてダウンロードしたアプリ」の45％がＴｉｋＴｏｋになっているほどだ。すでに13億人強の人口を持ち、２０２０年代の間に中国を抜いて世界一の人口になることが確実視されているインドの市場を取り込むことで、ＴｉｋＴｏｋは加速度的な成長を続けている。

ＳＮＳ世界最大手のフェイスブックは、ＴｉｋＴｏｋを模倣したショート動画アプリ

「Ｌａｓｓｏ」や、インスタグラムと連携するショート動画アプリ「ＩＧＴＶ」をリリースすることで対立姿勢を打ち出した。[*4] しかし、ＩＧＴＶが２０１８年のリリースから18カ月で７００万ダウンロードに留まった一方、ＴｉｋＴｏｋは同期間に11億５０００万ダウンロードを達成し、大きく突き放した。結果、ＩＧＴＶはインスタグラム内の機能として吸収され、単独のアプリとしては姿を消した。フェイスブックはバイトダンスの実行するブリッツスケールに置き去りにされる形で敗れたのだ。

　国内市場で今日頭条と抖音、グローバル市場でＴｉｋＴｏｋという巨大なオーシャンを持ちながら、バイトダンスは次のオーシャンに向けたポンドの量産も忘れていない。国内で億単位の月間アクティブユーザー数を持つ、1〜2分の動画アプリ「西瓜（シーグヮ）」や面白動画アプリ「火山（ホーシェン）」も、海外版をリリースしていった。加えて、ＳＮＳの「多閃（ドゥオシェン）」や「飛聊（フェイリャオ）」、自動車コンテンツの「車帝（チャーディ）」、企業向けプラットフォームの「Ｌａｒｋ」、教育サービスの「ｇｏｇｏｋｉｄ」や「ａｉＫＩＤ」、金融分野でもキャッシングアプリ「満分（マンフェン）」など、新規サービスを次々にリリースしている。ゲーム会社を買収してゲームアプリにも参入し、インドとインドネシアでは、サブスクリプション型の音楽配信アプリ「Ｒｅｓｓｏ」も手掛けている。

ここまで見てきたように、バイトダンスのＴｉｋＴｏｋは、本書でこれまで取り上げてきたリープ・マーケティングを網羅的に実践している存在だ。ミュージカリーという成功事例のベンチマークからはじめて、中国国内で小さなポンドとしてリリースし、高速で機能改良・拡張を続けていった。そして後発ながらＡＩ開発によるプロダクト強化に重点を置くことで、中国国内・グローバルの両方で、ブリッツスケールを成し遂げた。

スキル

夢のストーリーテリング

ロジカルに夢を語る力

さて、ブリッツスケールを実現させる中国ベンチャーだが、彼らはなぜ高い目標を掲げ、リスクを取って、ビジネスを急拡大させていくことができるのか。その背景には、夢のストーリーテリングが存在する。

日本であれば、実績のない駆け出しのベンチャーが「GAFAを超える」と宣言することは、そうそうない話だ。もし宣言したとしても、「身の程知らず」「おこがましい」と非難されるだろう。日本では、夢を持つことそのものがどこか後ろめたさや気恥ずかしさを感じさせる行為になっており、夢が魅力的に語られる場面はほとんどない。自由に将来の夢を語ることが許されるのは小学生までで、それ以降は一転して地に足のついた目標を求められる。企業を見てみても、現場のビジネスパーソンはもちろん、マネジメント・サイドでも、そのトップに立つ経営者であっても、組織の目指す夢を語ることはなかなかない。経営者が縦割りの事業部をローテーションで回るキャリアを歩んできたことで、自身が所属した部署について数年ごとの知見しか持ち合わせていないために、企業の全体像を語りにくい場合もあるだろう。あるいは「3年や5年の限られた期間にトップを任されているだけで、その先の未来まで語る立場にはない」と本心では考えているから、企業の夢を語りたがらない場合もあるのだろう。

日本電産の会長の永守重信氏は、自身とファーストリテイリングの会長兼社長の柳井正氏、ソフトバンクグループの会長兼社長の孫正義氏を合わせて「大ぼら三兄弟」と呼んでいる。その理由は、三者は共通して「世界一になる」と公言し、一見すると大ぼらに聞こえるほどの途方もなく大きな夢を掲げるからである。しかし、それが実現不可能なほら話でおわっていないことは、彼らの成し遂げてきた偉業が証明している。

ロジックを伴わなければ、夢を語る力はただの夢見がちでおわってしまう。できもしないこと、実際にはやろうとしていないことを口にするのではなく、夢を持ったうえで実現させるまでのトライ&エラーを見据えて道筋を組み立て、言葉にして表現する力が求められる。説得力とメッセージを込めて、筋の通ったストーリーとしてそれを発信することができれば、10を15や20にする堅実な話ではなく、10を1000や10000にまで飛躍させる壮大な話であっても、ビジネスパーソンや投資家を動かすことができる。むしろ、可能性を飛躍させる後者こそがベンチャーには求められる。

夢を語れる若者、語れない若者

ロジカルに夢を語る力が求められるのは、マネジメント層だけではない。中国では大学生に「将来の夢はあるか」と聞けば、「社長になって活躍すること」という答えが返ってくるのは珍しいことではない。日本のように、有名で安定した大企業に就職することが目的ではなく、そこで社長まで上り詰めること、あるいは、そこから独立・起業して成り上がることまでを視野に入れている。

だから、中国のビジネスパーソンは、目的意識と上昇志向を持って、仕事に対して貪欲に取り組むことができる。「どこまで自身に高望みをできるか」「どこまで成り上がれると思えるか」。彼らは、そうした夢をロジカルに描き、発信するスキルに長けている。「自分なら」「自社なら」「中国なら」GAFAを超えて世界一を目指せる、と本気で考えられる。そして、「自分こそが」と志し、計画・行動し、挑戦を重ねていく。そうした中国の「夢を大きく語る」様子を見て、「はったりだ」「ほら吹きだ」と思う日本のビジネスパーソンは少なくないだろう。しかし、「では、あなたもやってみればいい」と言われたら、大きな夢をロジカルに語ることの難しさを実感できるはずだ。まだ10の実態しかないビジネスを10000に飛躍させるロジックを組み立てて、魅力的に相手を説得できるか。それができないから「資金が集められなかった」「ビジネスをスケールさせられなかった」「社内稟議を通せなかった」。そんな挫折を経験したことのある者も少なくないだろう。

このような差はどこから生まれるのだろう。1つ確かなのは、ジャック・マー氏という大きな先行事例の存在だ。大学の英語教師だったマー氏がアリババを築き上げた事実を中国のビジネスパーソンはよく知っている。血縁的・金銭的な出自の裕福さがなくても、学歴・職歴でつまずいても、独力で成り上がった成功事例をリアルタイムで見てきた。そして現在進行形で飛躍していく無数のベンチャーを知っている。だからこそ彼らは貪欲に学び、人脈を広げ、夢を持ち、それをかなえるためビジネスをブリッツスケールさせていくことができる。

「ほら吹きジャック・マー」

ジャック・マー氏は、自らのチャイニーズドリームをかなえ、さらに次世代のチャイニーズドリームを導く存在になっている。2019年、アリババは10万人を超える社員を抱え、約6兆円の売上高を誇る、世界最大のオンライン・ショッピングのプラットフォーマーだが、その華やかな成功の一歩目は、杭州のアパートの一室に集まった18人、資本金わずか2万ドルからのスタートだった。[*5]

マー氏は、受験と就職に失敗し、自身の地元の杭州電子科技大学で英語講師として勤めていた。そこで副業として、杭州市で初となる英語翻訳の企業を創業するが、翻訳の仕事そのものがなく、苦しい日々を過ごした。一方でこの起業によって「杭州でもっとも英語ができる人材」という評価を得て、浙江省交通庁のシアトルでの交渉に派遣されることになった。このことが、彼とインターネットとの出会いにつながる。

1995年、マー氏はシアトルではじめてインターネットに触れ、その利便性に衝撃を受けた。同時に、試しに「中国のビール」と検索してみてもまともな情報が出てこない現状を知った。「中国にインターネットを広め、世界に中国を広める」という志を持ち、彼は帰国後すぐに起業に向けて動き出す。彼が最初に考えたのは、中国企業の情報を中国語と英語の両方で紹介する「チャイナページ」だ。これは中小企業をメインターゲットにしていた。中小企業が、どこでも、誰とでも、簡単に、スモールビジネスを成長させていけるように支える。そして、その手段としてインターネットというテクノロジーを利用するものだった。

中国企業が国内外の企業と連絡を取り合い、取引を広げていけるようにして、その代わりに企業から掲載料をもらう。このチャイナページを実現させるために彼は北京へ行き、まだ空っぽのサイトを見せながら、夢を熱く語り、営業に走り回った。「これは、中国最大の国際的なサイトになります」「すべてのビジネスが、このインターネットのなかで行われるようになります」「私が、中国のネット社会を発展させます」。しかし、そうして夢を語れば語るほど、「ほら吹きジャック・マー」と非難された。インターネットの普及そのものが進んでいなかった当時、このアイデアは理解されなかった。空のサイトを見せながら壮大な話を披露して、「だから掲載料をください」と言われても、多くの企業は理解が及ばず詐欺を疑った。14カ月にも及ぶ営業活動は、成果無しでおわることになった。

アリババがかなえるチャイニーズドリーム

杭州に戻ったマー氏は、夢のロジックを補強することにした。ビジネスモデルを修正し、掲載料を無料にする決断をしたのだ。無料であれば、懐疑的な企業も試しに掲載してくれると考えた。その代わり、別に料金を支払うことで、VIP会員「誠信通（チェンシントン）」になれる制度を設けた。これは、アリババがその企業の信用を調査・保証する目印であり、「このVIP会員マークがついている企業とは安心して取引できる」というルールを組み込むことにした。こうして、チャイナページを進化させた「Alibaba.com」のビジネスアイデアとともに、起業されたのがアリババだった。

しかし、Alibaba.comをスケールさせるためには、ヒトとカネが不足していた。ここで、資金調達に走り回るマー氏がめぐり合うのが、蔡崇信（ジョセフ・ツァイ）氏だ。当時、ジョセフ氏はスイスの投資会社インベスターABでアジア太平洋地区の責任者を務めていた。ジョセフ氏は、自分の夢とアイデアについて熱く語るジャック氏に魅了されることになる。投資会社としてアリババへの出資は行えなかった代わりに、ジョセフ氏は70万ドル（約8000万円）の年棒を捨てて退職し、月額報酬500元（約8000円）でアリババにCFO（最高財務責任者）として加わった。

ジョセフ氏という財務のプロフェッショナルが加わったことで、アリババの資金調達は一気に加速した。ゴールドマン・サックスなどの名だたる企業からの出資を獲得していき、その情報がソフトバンクの孫正義氏とマー氏を引き合わせることにつながった。そこでまたマー氏は夢を熱く語り、孫氏を魅了して巨額の資金調達を実現することになる。

こうしてヒトとカネが集まり、Alibaba.comは一気にブリッツスケールした。中国企業の情報が詳細に掲載され、海外メーカーと中国企業をマッチングさせる一大プラットフォームに育っていった。世界中の企業がAlibaba.comを見て、中国企業に製造の依頼をできるようになった。これは、中国が「世界の工場」として飛躍する一助になった。

「みんなが、『そんなに大きな目標を抱いてどうするんだ』と言ってくるが、夢を見るのは無料だからね」そう笑って話すマー氏のアリババは、その後、タオバオ、Ｔｍａｌｌ、アリペイ、フーマフレッシュなどのビジネスを続々と実現し、中国の社会の未来を変えていっている。アリババは「あらゆるビジネスの可能性を広げる力になる」をミッションに掲げ、未来のビジネスインフラを構築し、１０２年先を目指して飛躍を続ける。[*6] １９９９年に創業した同社は、１０２年後に２１０１年を迎える。つまり、20世紀、21世紀、そして22世紀へ続く企業として、さらに先の夢を実現させていこうとしている。

マインド

自由と無秩序

「まずは自由に」の精神

中国のビジネスパーソンが発揮する、ロジカルに夢を語る力。その壮大な夢を描く力の土壌となっているのは、彼らが持つ自由と無秩序のマインドだ。この2つは裏返しで、よくいえば自由、悪くいえば無秩序、となる。

中国人のマインドには、「まずは自由に」の精神が深く浸透している。日本では「ルールがない」は「危ないから、やらないでおこう」につながりやすいが、中国では「ルールがない」は「だから自由にできる」に直結する。ルールがなければ何でもあり、という発想である。子どもの教育であれば、食事会で走り回って遊ぼうが、スーパーマーケットの中で自転車に乗って遊ぼうが、まずは自由にさせておく。そうして、店側から注意を受ければ、子どもをコントロールすればいい。よく言えば、自由に枠に縛られずに育てている側面もあるし、悪く言えば、無秩序でモラルに欠けている場合も多々ある。

ビジネスにおいても同様で、規制されるまでは自由にスケールさせる。中国では、小黄車（ofo）と摩拜単車（モバイク）という2つのベンチャーが火つけ役となって、2017年頃をピークに、シェアサイクルが一大ブームになった。スマホアプリとキャッシュレス決済、GPSデータを組み合わせて「誰でも、どこでも、いつでも、安く、簡単に、自転車を使えて返せる」を実現したシェアサイクルは、「移動の概念を変えた」とまで評され、中国国内で爆発的に普及を広げた。

このシェアサイクルは、利用可能な自転車の台数が増えるほど、ユーザーの利便性が高まる仕組みになっている。そのため、2社は競い合って資金調達を重ね、100万台単位で自転車を街中に配置していった。そうして、過剰な台数の自転車が街中に溢れるようになった結果、指定の場所を超えて無秩序に放置された自転車に批判が殺到し、深刻な社会問題となった。この事態になってはじめて上海市政府は、新たな自転車の設置を禁止する措置を発令した。これを受け、各地の自治体でも一気に自転車の台数規制や強制排除が実施され、シェアサイクルは移動手段の1つとして定着はしたものの、ブームは沈静化することになった。このように、まずは自由にやらせてみて、問題になったら容赦なく強制的に規制するというのが、中国における政府・地方自治体のビジネスに対する基本姿勢になっている。

自由に、したたかに戦う

良し悪しはあるが、「まずは自由に」が根づいているからこそ、チャレンジ精神が育まれやすいことは確かだ。絶対的な秩序である政府が規制してくるまでは、前例、慣習、風潮などに関係なく、自由に挑戦できる。足踏みをする言い訳を探さずに、果敢に開拓していく。周りと足並みを揃えずに、自分自身の道を切り開く勇気を持っている。だからこそ、周囲の目など気にせずに「GAFAを超える」と夢を掲げられるし、リスクを取ってビジネスを急拡大させていくことができる。

中国人にとっては、違法にならず、取り締まられない範囲でライバルとしたたかに競争することは当たり前のことだ。たとえば、積極的に人材を引き抜き、自社の戦力アップとライバルの戦力ダウン、そしてライバルの技術・ノウハウの吸収を狙うことは、常套手段の1つだ。バイトダンスはフェイスブックの本社近くにTikTok事業のオフィスを構えて、人材の引き抜きに力を注いでいる。[*7] 立地条件を近くして働きやすくし、なおかつ給与額はフェイスブックよりも20％程度高額にすることで、2018年からの2年間で数十人の引き抜きに成功したという。他にもアップル、アマゾンなどからも多くの人材を獲得している。

やらせレビューなどの書き込みで自社の評価を高め、他社の評価を下げる行為も頻繁に行われている。2003年、中国ではアリババとイーベイによる激しい競争が起きていた。[*8] アメリカのイーベイは「10年後、中国はイーベイにとって最大の市場になる」と予測し、当時、中国の消費者間取引でトップシェアを握っていた易趣網（イーチーワン）の株式の1／3を取得し、中国市場へ進出していた。これに対して、企業間取引のAlibaba.comをスケールさせ、続いては消費者間取引のタオバオを手掛けようとしていたアリババは、真っ向から対立することになった。ジャック・マー氏が「アリと象の闘い」と表現するほど、当時のアリババとイーベイには大きな資本力の差があった。イーベイは、1億ドル（約110億円）の広告宣伝費をかけて、あらゆる主要ウェブサイトに広告を出し、大々的なプロモーションを行った。これに対して、資本に乏しいアリババは小さな掲示板やコミュニティサイトへ、社員総出でタオバオを賞賛する書き込みを実行していった。クチコミ文化がとくに強い中国において、このアリババの戦略は有効に働き、3年間手数料無料キャンペーンとあわせて、イーベイとの競争に見事勝利した。

失敗を悪としない価値観

「まずは自由に」の精神を浸透させるためには、あらかじめ、失敗を悪としない価値観が備わっていなければならない。決まったルールがなく、安定して正解にたどり着ける方程式がまだ存在しない領域において、チャレンジに失敗はつきものだ。だから、新たな価値をつくり出すイノベーションも、冒険的に事業を急拡大させるベンチャーも、多産多死になる。その多産多死の先にこそ、革新的な未来を実現させることができる。

第1章「加点型マーケティング」で取り上げたように、中国人は1度のミス、短期的な失敗を恐れない。失敗を、トライ&エラーを重ねる学習プロセスの一部として位置づけて、「その先に成功を実現させればいい」と開き直って考えることができる。

対照的に、日本人は失敗に対して過度に憶病になる傾向がある。日本では「失敗は恥」であり、「優秀な人ほど失敗しない」という価値観が支配的に広がってしまっている。この日本における失敗を悪とする価値観は、失敗を減点評価する教育制度・企業評価制度と切っても切れない関係にあり、それゆえに根深い問題になっている。

日本の義務教育において、学生は既存のルールに従って失敗しない練習を積み重ねる。優秀な学生ほど失敗しなくなる。そのため、失敗したくない優秀な学生ほど、すでに大きくて強い、失敗する可能性の低い大企業に就職したいと考えるのは必然だ。失敗を悪としていれば、多産多死を前提にしている起業やベンチャー業界への入社を積極的に考えられるわけがない。

そして、企業では減点評価されないよう、さらに失敗を敬遠して働いていく。多くの組織において、ビジネスパーソンは9回失敗して1回大成功するよりも、失敗せずに減点評価を避けている方が優秀と判断されやすい。企業によっては、一度の大きな失敗が取り返しのつかない低評価を招き、キャリア・アップの道が断たれる場合さえある。だから、とくに日本の大企業に勤める優秀なビジネスパーソンほど、「最近いつ失敗しましたか」と聞かれれば、「失敗したことなんてない」と胸を張って答えるようになる。それは、「失敗しないで済むビジネスにしか取り組んできていない」と同義であるにもかかわらず、だ。

学生時代に失敗しないように教わる教育で育ち、企業に入ってからは失敗で減点される評価制度のもとで働いているのだから、失敗を敬遠するのは当然だ。「リスクを取って新しいビジネスに挑戦しろ」と上司から言われても、それでも失敗しないことを最優先に考えてしまうし、上司だって部下の失敗の責任を回避したがるだろう。病的なほどにリスク回避を重要視して、おもしろいビジネスよりもクレームの出ないビジネスを選び、失敗した場合の責任回避スキルばかりを上達させる。そうして、日本からはイノベーションが生まれなくなった。

日本にとって、失敗を悪とする価値観はベンチャー業界の人材難・未成熟とイノベーションの不発などを招く、諸悪の根源とも言えるものだ。一方で、失敗を悪とはしない中国ではベンチャー業界の活性化とイノベーションの輩出が実現されている。挑戦と失敗をセットで考えて奨励しているのは、アメリカも同様だ。シリコンバレーでは、同レベルのキャリアの2人が、似たようなビジネスプランをプレゼンした場合、1人は失敗なし、もう1人は失敗経験を語れたとしたら、失敗経験を持つ方が「行動力・対応力に優れている」と評価され、投資家から資金を獲得することができる。

日本の企業組織の場合、評価制度を変更しなければ、こうした失敗に対するマインドを改めることは難しいだろう。価値観を変えようとしたら、組織のルールを根本から変える必要がある。まず、失敗はマイナスではなく0と位置づける。そして、挑戦を繰り返させて、「失敗したら0」「成功したらプラス」という加点評価の制度を設計しなければならない。そうした制度において、減点対象となるのは失敗することではなく、挑戦しないことになるはずだ。

学び

2種類のジャパニーズドリームを描く

過去に学び、夢を取り戻す

ビジネスをブリッツスケールさせ、チャイニーズドリームをかなえていく中国ベンチャーから日本が学ぶべき点は、自分たちなりの夢、ジャパニーズドリームの描き方だ。その描き方には2つある。1つは夢を取り戻す方法、もう1つは夢の後押しをする方法だ。

1つめは、先人たちの起業家精神を学びなおすことだ。いまは堅実な安定成長を続ける日本の大企業も、駆け出しの創業期にはベンチャー精神を持ち合わせ、ハイリスク・ハイリターンでビジネスを急拡大させることで躍進を遂げてきた。これは当たり前なのに、忘れがちな事実だ。当時の日本企業、日本のビジネスパーソンには、現状維持に甘んじる総中流意識も、飛躍を諦めるガラパゴス化した価値観もなかった。その代わりに、強いチャレンジ精神と高い目標設計能力を備えていた。

サントリーの創業者である鳥井信治郎氏は、「やってみなはれ」の精神で冒険者として新しいことに挑戦し続けることを奨励し、飛躍を実現させていった。サントリーでは、「結果を怖れてやらないこと」を悪とし、「なさざること」を罪と問う、と明言している。[*9]現状に対して甘んじることなく異を唱え、異分野や新しいことへチャレンジを続けることによって、1907年の国産ワイン、1929年の国産ウイスキー、1981年の缶入りウーロン茶、2004年の青いバラなど、数々のプロダクトを生みだしてきた。

パナソニックの創業者の松下幸之助氏が遺した言葉のなかに、「日に新た」と「社員稼業」がある。[*10]「日に新た」とは、前例更新主義でビジネスに取り組んでいく姿勢を表している。古いものは滅び、新しいものが生まれ、すべての物事は変わり続ける。だからこそ、過去の成功や慣習にとらわれず、ビジネスを日々革新させていく必要がある、と社員に説いた。「社員稼業」は、仕事を自分事化して、プロフェッショナル意識を持つことを意味するものだ。あらゆるビジネスパーソンは使われる立場ではなく、目の前の仕事に対して自分事として取り組み、その職務のプロフェッショナルになることが奨励された。そうして、革新的なビジネスをつくって広め、企業の躍進を実現させていった。

キヤノンは、デジタル一眼レフカメラとミラーレスカメラにおいて、2003年から2018年まで16年連続で世界トップの台数シェアを達成している。[*11] そのキヤノンの世界一への歩みは、1933年、当時の世界最高水準だったドイツのカメラメーカーであるライカの商品を購入し、分解・模倣してカメラを製造する、精機光学研究所からはじまった。その2年後には、世界に通用するプロダクトを目指して、ブランドを「CANON」に改めている。戦後間もない1947年には、社名を精機光学工業からキヤノンに変えた。そして、株式会社としての創立10周年を祝う場で、初代社長の御手洗毅氏は「笑うかもしれないが、私たちは、世界一であるライカ打倒を掲げてやっていく」と宣言した。世界を目指して「東京通信工業」からカタカナの社名に変更し、「SONY」ブランドを採用したソニーよりも、キヤノンはいち早く世界を目指したことになる。そして、ベンチマークの対象となったライカをライバルに設定し、もともと医者だった御手洗氏は「医者の素人経営」と非難されながらも、ビジネスを急拡大させ、夢を実現していった。

こうした先人たちの起業家精神は、現在の日本企業のマネジメント・サイドと現場に、どれほど引き継がれているだろうか。創業当初は夢と志を持って挑戦が行われていたはずなのに、企業が成長し安定していくにつれて、リスクを避けて前例通りの行動を好むようになってしまった組織が少なくないだろう。

前例があるビジネスばかりに取り組んでいくということは、既存のレッドオーシャンでの競争を繰り返すことを意味する。そのレッドオーシャンが成長市場であれば、参入するという選択自体は間違いではないが、前例通りの戦略だけでは、競争に勝ち上がることは難しい。前例にただ従うのではなく、前例を分析して活路を見出し、前例を塗り替えて更新していくことこそが必要になる。前例通りの挑戦と目標では、現状打開は見えてこない。日本がかつて実践していたように、前例を塗り替えて更新する挑戦と目標設計を行うことで、現代版のジャパニーズドリームを描けるようになるはずだ。

頼られる相棒として、夢の後押しをする

ジャパニーズドリームを描く、もう1つの方法は、別の誰かの夢を後押しすることで、自らも躍進をかなえる道だ。華々しい飛躍を遂げる中国ベンチャーから頼られる相棒として、陰にひっそりと咲く月見草としてしたたかに成功を勝ち取ることができる。

ハイリスク・ハイリターンを取り入れてブリッツスケールを断行する。その手段を中国ベンチャーから学び、過去の日本企業のように実践できれば理想だ。しかし、それは誰もが選べる道ではないだろう。ハイリスク・ハイリターンとのつきあい方を学んで取り入れる道もあれば、学んだうえで相手に任せて、棲み分ける道もあるのだ。

現代の日本人が、中国人のようにハイリスク・ハイリターンを急に受け入れることは容易ではない。だとしたら、立場や役割を分担して棲み分けて、手を取り合っていけばいい。日本はローリスク・ローリターンの挑戦を続け、持続的な革新を積み上げていく。そして、ハイリスク・ハイリターンの領域は、中国ベンチャーに任せておく。多産多死で、

中国ベンチャーが生まれては消えていくなか、手を組む相手を変えながら、常に頼られる相棒として安定的な強さを発揮する日本企業になることも、立派なジャパニーズドリームだ。

相棒として頼られ続けるポジションには、「目利き」「黒子」「パートナー」などがある。

ソフトバンクは、出資や提携を通じて中国ベンチャーの飛躍を加速させる目利きとして活躍を続けている。創業間もないアリババへの出資や、10兆円規模のビジョンファンドでは、バイトダンスなど多くの中国ベンチャーへの出資を行っている。ビジョンファンドでは、とくにAIビジネスをスケールさせるユニコーン企業を対象として、2019年時点で世界の80社以上へと出資先を拡大している。

中国ベンチャーの黒子として飛躍をサポートすることで、自社の成長を実現させることもできる。創業から2年間で3600店舗をオープンさせ、中国カフェ市場でトップを狙うラッキンコーヒーの華々しい飛躍の背景には、コーヒーの原材料を調達している三井物産がいる。中国EC市場でアリババに次ぐ二番手につけている京東（ジンドン）、そのECビジネスの要である物流機能を黒子となって支える日本のベンチャーもいる。それが2011年に創業した日本のロボットベンチャー、ムジンだ。ムジンは、「ロボットの知能化が世界を変える」と掲げ、これからの世界の社会インフラをつくることを目指して産業用ロボットの自動化で急成長を遂げている。2017年、京東の大型物流倉庫にロボット・ソリューションを納入し、倉庫の完全自動化を実現させたのはこのムジンだ。

中国ベンチャーのパートナーとなり、共存共栄を進めることもできる。2019年に日本企業としてはじめて売上高30兆円を突破したトヨタは、2014年に創業したばかりの中国EV（電気自動車）ベンチャー、奇点汽車（シングラート）と提携を結んでいる。[*12]自動車業界は、コネクテッド・カー、自動運転、カーシェアリング、電動化の「CASE」と呼ばれる4つの新領域が生まれ、100年に1度といわれる激変期を迎えている。そうしたなかで、トヨタの豊田章男社長は「世界でいちばん速く成長している中国市場についていき、選ばれる会社になりたい」と語る。また、吉田守孝副社長は、「中国は電動化・知能化・情報化という新しい技術革新分野で世界をリードしている」と語り、中国との共存共栄の方針を強化している。

中国のEVベンチャーのなかでも三強と言われる威馬（ウェイマー）がバイドゥ、上海蔚来汽車（NIO）がテンセント、小鵬（シャオペン）がアリババから、それぞれ出資を受けており、BATの影響力が色濃い。それらを避けて、技術力に長け、なおかつ日本でのビジネス経験が豊富な沈海寅（チンカイイン）氏がCEOを務める奇点汽車を、トヨタはパートナーに選んだ。

この提携では、トヨタが電動自動車技術を提供し、奇点汽車がIT技術を提供する。目指すのは、スマートEVの量産だ。車両を動くスマートデバイスとして位置づけて、車両を通じたユーザーデータの取得と分析、ユーザーへの情報発信など、さまざまなデータを活用したサービスビジネスを実現させる。アプリをスマートフォンにダウンロードするように、スマートで便利な機能を、購入後も継続的にインストールしていける電気自動車の共同開発が進められている。

ジャパニーズドリームは、1つではない。中国ベンチャーの成功をベンチマークして、自社に取り入れていくことで夢をかなえてもいいし、中国ベンチャーと手を組んで相棒となって夢を叶えていってもいい。日本企業は、自社のビジネスや風土、価値観に合わせて、それぞれに自社なりの夢を掲げ、かなえていくことができる。

第４章まとめ

- 【戦略】ブリッツスケール：高い目標を設定し、急拡大でライバルを置き去りにする
- 【スキル】夢のストーリーテリング：ロジカルに夢を語り、人・物・金を動かす
- 【マインド】自由と無秩序：失敗を悪としない価値観で、何事も「まずは自由に」
- 【学び】ブリッツスケールを起こすか、後押しするか、２種類の夢から選択する

注釈

＊1 Harvard Business Review「The Strategy Behind TikTok's Global Rise」を参照。
https://hbr.org/2019/09/the-strategy-behind-tiktoks-global-rise

＊2 中国ビジネスラボ「２０２０年のネットメディア広告はどうなる？ＢＡＴ＆Ｔでシェア80%、トップ10で95%、上位集中はますます顕著に」を参照。
https://lxr.co.jp/blog/9013/

＊3 FINDERS「世界で最もダウンロードされているアプリをグラフ化してみた！「Tiktok」は2位…1位は？」、36Kr Japan「世界アプリランキング：Facebook系が上位を席巻、後発ながらTikTokが大躍進」を参照。
https://finders.me/articles.php?id=1640
https://36kr.jp/42897/

＊4 Tech Crunch Japan「Instagramがついに TikTokに敗北を認める」を参照。
https://jp.techcrunch.com/2020/01/21/2020-01-18-igtv-button-gone/

＊5 Business Insider「アリババ繁栄を築いた智将がジャック・マーとともに引退 ―― 月給7800円からNBAオーナーへの軌跡」、中華IT最新事情「ジャック・マーの7300日。1つの奇跡と2つの戦いと4つの挑戦（上）」、「ジャック・マー、20年前、北京での屈辱」を参照。
https://www.businessinsider.jp/post-193565
http://tamakino.hatenablog.com/entry/2019/11/19/080000
http://tamakino.hatenablog.com/entry/2018/09/14/080000

＊6 ログミーBiz「「アリババを102年続けたい」ジャック・マーが86年後のビジョンを語る理由」、Alibaba JAPAN「アリババグループ、デジタル時代の6つの新しいコアバリューを発表」を参照。
https://logmi.jp/business/articles/102378
https://www.alibaba.co.jp/news/2019/09/6-1.html

＊7 JBpress「中国「TikTok」、米企業の人材を多数引き抜き」を参照。
https://jbpress.ismedia.jp/articles/-/57950

＊8 中華IT最新事情「ジャック・マーの7300日。1つの奇跡と2つの戦いと4つの挑戦（下）」を参照。
http://tamakino.hatenablog.com/entry/2019/11/20/080000

＊9 サントリー「やってみなはれ精神が生み出したフロンティア製品」を参照。
https://www.suntory.co.jp/company/research/history/frontier.html

＊10 宮部義幸（2010）「社内ベンチャー特集によせて」『Panasonic Technical Journal』、55（4）、38を参照。

＊11 キヤノングローバル「16年連続でレンズ交換式デジタルカメラの世界シェアNo.1を達成」、ビジネス＋IT「キヤノン創業者 御手洗毅氏、「世界一」を目指してこそ「世界一」は手にできる」を参照。

https://global.canon/ja/news/2019/20190327.html
https://www.sbbit.jp/article/cont1/32869

＊12 東洋経済オンライン「トヨタが中国で「新興ＥＶメーカー」と組んだ事情」を参照。
https://toyokeizai.net/articles/-/279576

COLUMN

4

新たな夢を認める勇気と追う勇気

夢を追いかけるには、その夢に近い成功をすでに実現させたロールモデルがいることが重要だ。ロールモデルの存在がフォロワーを生みだし、更なる成功を導いていく。

メジャーリーグで活躍した野茂英雄やイチローがいたからこそ、その後に多くの日本人選手がメジャーに挑戦していくことができた。そして、大谷翔平はアメリカでも日本でも野球の新しいロールモデルになっていくだろう。加えて、テニスでは、「アジア人がトップを目指せるわけがない」とずっと思われてきた。しかし、錦織圭はグランドスラム（4大大会）の1つの全米オープンで準優勝し、シングルスの世界ランキング4位にまで上り詰めた。大坂なおみは、全米オープンと全豪オープンで優勝し、世界ランキング1位になった。アジア人でも、体格に恵まれなくても、テニスのトップ・プロになれるという夢は、男子でも女子でもかなえられた。だから、日本人の子どもが「テニスで世界一を目指す」と宣言しても、もう誰にも笑われることなく、その夢を追いかけられるようになったのだ。

俳優のロバート・ダウニー・Jr.は、若いころから俳優として非凡な才能を発揮していたが、映画監督の父に幼少期からドラッグを与えられていたこともあり、薬物中毒となって度々逮捕された。薬物問題で演技の道が一度は閉ざされたが、セカンドチャンスにかけて演技を磨き、酒も薬もやめて、『アイアンマン』の主演の座をオーディションでつかみ取った。どん底から這い上がった彼は、ヒーロー映画の主人公として世界中から愛され、「もっとも価値ある映画スター」「世界でもっとも稼いだ俳優」に選ばれるほどのカムバックを実現させた。

俳優のクリス・プラットは、ハワイでのホームレス生活を経験していたが、運と実力で映画『ガーディアンズ・オブ・ザ・ギャラクシー』シリーズや『ジュラシック・ワールド』シリーズで主演を務めるまでに成り上がった。そんな奇跡的なアメリカンドリームの体現者たちが大勢いるからこそ、ハリウッドには、夢を追う若者が世界中から集まる。

ビジネスに関しても同様で、シリコンバレーには、アメリカンドリームを目指す起業家の卵が大勢いる。チャイニーズドリームも、アリババのジャック・マー氏のようなロールモデルがいることで、多くの若者がＩＴベンチャーを起業して、夢を追いかけている。中国では、ＫＯＬ（キー・オピニオン・リーダー）や網紅（ワンホン）と呼ばれるインフルエンサーを目指して、ＳＮＳでの動画配信やライブ販売を通じた一攫千金に本気で取り組んでいる若者も多い。

では、スポーツや芝居、音楽を除いたとき、「ジャパニーズドリーム」を追いかける若者はどれほどいるだろうか。ＩＴベンチャーを起業して成り上がる。ユーチューバーになって、インフルエンサーとして大成する。どちらもアメリカや中国では、いまや夢の選択肢の1つになっているが、日本ではそうはなっていない。いや、「大多数の大人は認めていない」といった方が正しいだろう。２００６年のライブドア事件・村上ファンド事件がいまだに影響しているためか、「ベンチャー企業」や「ＩＴ社長」という言葉に悪印象を持つ人々すら、まだまだ多く存在している。「ユーチューバー」に対する悪印象は、なおさらだろう。

ソニー生命保険が実施した「中高生が思い描く将来についての意識調査２０１９」の「なりたい職業ランキング」において、男子中学生の回答は次のようになった。1位「ユーチューバーなどの動画投稿者」、2位「プロｅスポーツプレイヤー」、3位「ゲームクリエイター」、4位「ITエンジニア・プログラマー」、5位「社長などの会社経営者・起業家」。この結果に対して不信感や心配を抱いたとしたら、その価値観は前時代的といわれても仕方ないだろう。この結果は決して悪いものではなく、子どもたちの感性が新しく更新されている証拠だ。その感性を前例主義でつぶすことだけはあってはならない。

そろそろ、私たち日本人も、新しいロールモデルを認める勇気、そして、その背中を追いかける勇気を持つべきである。前例主義を捨てて、前例更新主義を持つことで、新しい夢を認め、追いかけ、超えていくことができるようになるはずだ。

終章

リープ・マーケティングを現場へインストールする

4つのスキルを磨くためのトレーニング

本書では、中国ベンチャーの飛躍の原動力になっているリープ・マーケティングについて、「戦略」「スキル」「マインド」の3つの構造に分けて分析を行ってきた。それでは最後に、4つの戦略をそれぞれ、どのように日本企業の現場にインストールすべきか、具体的な方法を紹介しよう。

戦略は、マネジメント層の意思決定が必要になる領域だ。マインドは、ビジネスパーソン一人ひとりが自主的な意識改革をしていくことが求められる。それに対して、スキルは、仕事の現場で即時実行していけるものだ。スキルの実践によって結果を出すことで、マネジメント層に対する新しい戦略導入の説得材料にすることができるし、テクニックから取り入れることで、マインドを醸成させることもできる。

つまり、リープ・マーケティングを組織の現場へインストールするために、もっとも即効性を伴っているのが、戦略とマインドの間に存在するスキルである。新しいマインドを役立て、そして新たな戦略を有効に実行していくためにも、新しいスキルを鍛えていくことは重要度が高い。議論の方法や考察のフレームワークなど、現場に立つビジネスパーソンが4つの思考スキルを鍛えていくために有効なトレーニング方法について、1つずつ見ていこう。

【加点型マーケティング】「まず促進、続いて予防」の議論

第1章では、ビジネスのプラスの側面に注目し、価値を最大化させて、革新を生みだしていく加点型マーケティングを紹介した。これとは対照的なのが、マイナスの側面に注目してきめ細やかなプロダクトをつくり、信頼を獲得していく減点型マーケティングだ。

減点型を得意とする日本企業が、加点型を取り入れて成果につなげていくためには、「促進系ディスカッション」を実践する機会を設け、スキルを向上させる必要がある。そして、極端な0か100ではなく、両方を使い分けられる状態を目指したい。

そこで、図12のように、2つの軸でディスカッションの時間そのものを切り分ける手法

が効果的になる。縦軸は、ビジネスが重視する方向性を表し、新規性と頑健性に分けられる。横軸はビジネスの種類で、ハードとソフトに分かれる。

これは、加点型で価値を探す「促進」の議論と、減点型でリスクを探す「予防」の議論を、同じメンバーが時間を区切って実施するものだ。制限時間を設けることで、創造性と生産性は高まる。たとえば、ブレストの時間が30分間だとすれば、右上の「促進80：予防20」では、商品・サービスの強みを伸ばす促進的な意見出しを24分間、弱点をカバーする予防的な意見出しを6分間行うことになる。モバイルオーダー

図12：促進と予防の議論を分ける4つのゾーン

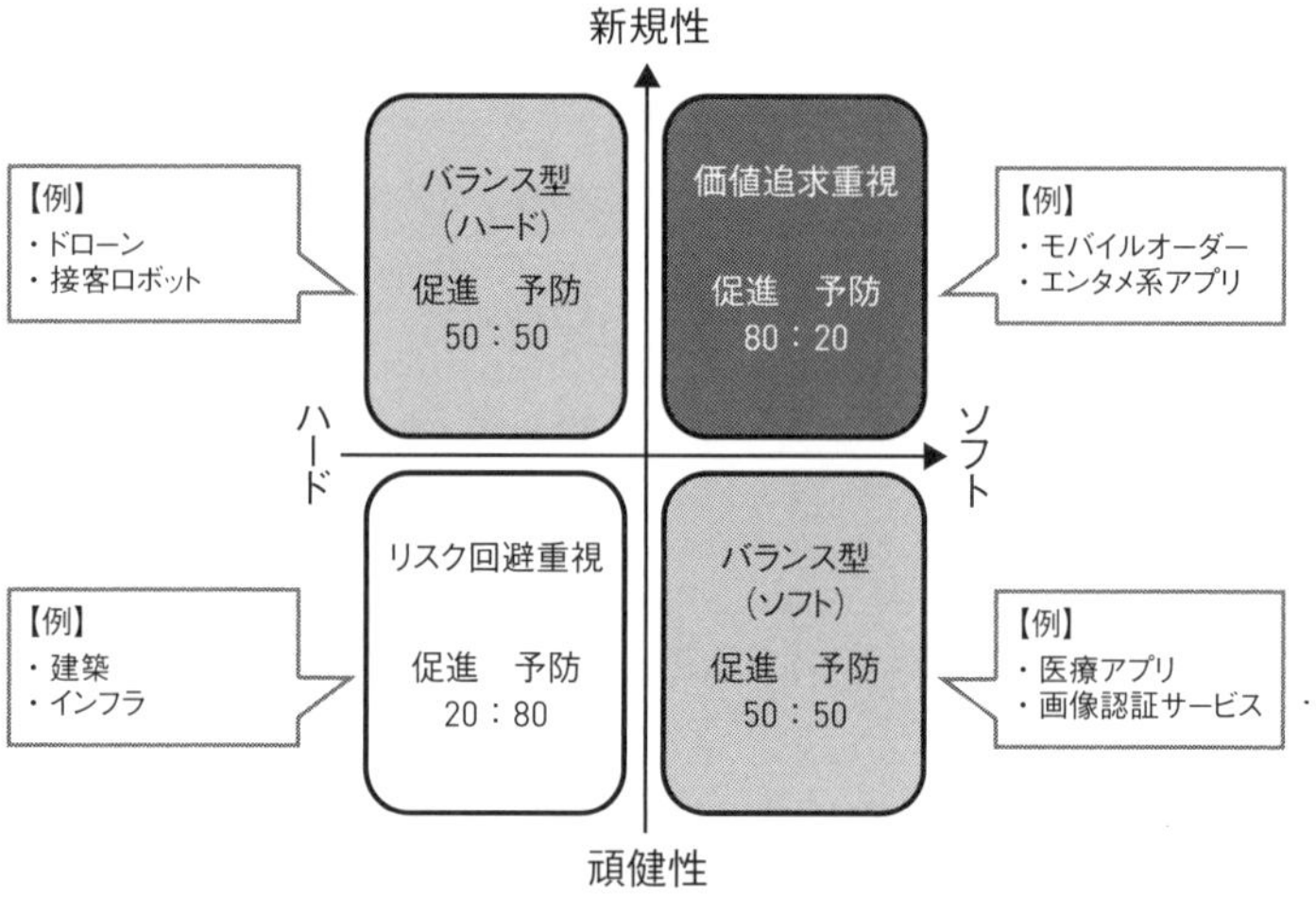

出典：筆者作成

サービスなど、新規性を高く追及するソフトは、右上の「促進80：予防20」の割合で価値追求重視の議論を行う。ドローンなど、新規性の高いハードの場合は、左上の「促進50：予防50」のバランス型だ。同様に、医療アプリなど、頑健性を求められるソフトは、右下の「促進50：予防50」になる。そして、建築・インフラやメンテナンスといった、頑健性の高いハードは、左下の「促進20：予防80」という、従来の日本型のリスク回避重視で議論を進めればいい。

このように、会議の場で明確な時間を設けて価値とリスク両方を洗い出す作業は、意外に行われていない。行われていたとしても、促進と予防を同時並行する場合が圧倒的に多いだろう。しかし、価値とリスクを同じ場で列挙していってしまうと、価値がリスクで潰されやすくなる。無意識のうちにリスクを優先してしまい、「価値をどこまで高められるか、広げられるか」の議論まで進まないケースが極めて多いのだ。だからこそ、意識的に促進と予防の議論を切り分ける必要がある。

促進と予防を分ける議論において、重要なルールが3つある。

1つは、議論の順序だ。まず促進の議論からはじめて、その後に予防の議論に移らなければいけない。日本のビジネスパーソンには、どうしてもリスクを探すことからはじめる癖がついてしまっている。そのため、何事も予防からはじめやすいが、本来あるべきディスカッションは、「価値ありきで、リスクをつぶしていく」という形式だ。「リスクありきで、価値をつぶしていく」という形式では、革新を生み出して広めていくことは難しい。

2つめは、促進の議論の際に、常識の壁を取り払うことだ。自社や業界のルール、技術、資源的な制約はいったん脇に置いておき、これまでの常識に縛られずに、ビジネスの価値の可能性について自由に検討することが重要だ。これまでは「仕方ないこと」「当然のこと」「我慢すべきこと」「無理なこと」にされてきた物事に縛られる必要はない。そうした足かせは、予防の議論で処理すればいいもので、価値を追求する促進の議論では不要なのだ。

3つめは、ハードとソフトの融合は、混同せずに分けて考えることだ。スマート家電を筆頭に、多くのハード分野において、ソフト化が進んでいる。たとえば、インターネットに常時接続して「乗車できるスマートフォン」を目指すコネクテッド・カーであれば、自動車としての性能は左下の「促進20：予防80」で考え、車体にインストールするサービスは右上の「促進80：予防20」で考えるようにすべきだ。ビジネスパーソンには、促進と予防の頭の回路を切り替える習慣をつけることが求められる。

【未来型共創マーケティング】未来へ導くトルネードへの乗せ方

第2章では、現在の消費者、パートナーとつながり、彼らを未来へ連れていくプロダクトを共創する、未来型共創マーケティングを紹介した。その戦略の実践には、ネットワーキング・スキルが必要になる。ただし、消費者とつながること自体は、それほど難しいものではない。各種SNS、コミュニティサイト、専用アプリなど、つながる手段はさまざまある。重要なのは、つながったうえで未来へ導いていくスキルだ。

現在の消費者が、まだ自覚できていない潜在ニーズを開拓するプロダクトを、「新しい何か（Something New）」として提案し、「たしかにこれがあったら便利」と説得して普及を拡大し、イノベーションへと育て上げる。経営コンサルタントであり組織理論家として有名なジェフリー・ムーアは、その一連のプロセスに3つの段階が存在することを明らかにしている。

新しい何かとしてリリースされたプロダクトは、一気にすべての消費者に広められるわけではない（図13）。まずは、16％を目安とする初期市場に向けて、価値の啓蒙を行っていく必要がある。「いかに新しくおもしろいプロダクトなのか」、直感的な魅力を強調し、これから発展していく可能性の大きさをアピールする。初期市場にいるマニアや新しいモノ好きの消費者たちは、もともと情報感度が高く、彼ら自身で情報収集をして魅力を感じれば積極的に購入していってくれる。

続いて、初期市場から、残り84％の主流

図13：イノベーション普及プロセスの3段階

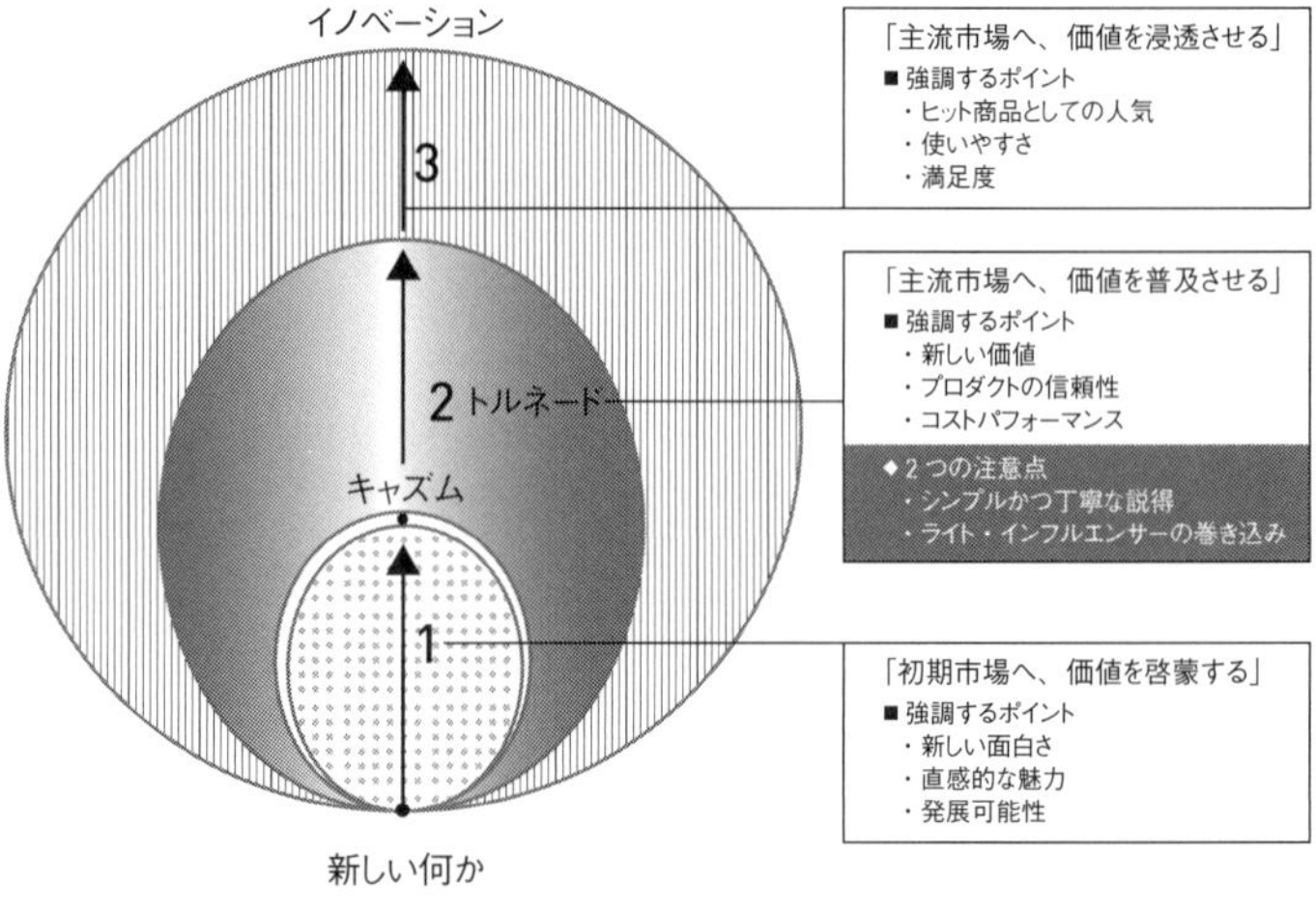

出典：筆者作成

市場へ移行していくことになる。このとき、ビジネスパーソンは戦略と考え方を軌道修正しなければならない。初期市場ではプロダクトの新規性や発展可能性が高ければ評価してもらえるし、ある程度の品質の低さや使いにくさには目をつぶってもらえた。しかし、主流市場ではそうはいかない。主流市場では評価の基準が大きく変わり、品質や使いやすさ、コストパフォーマンスなど、プロダクトの信頼性が厳しく評価されることになる。ここで、プロダクトの改良やプロモーション内容の変更を行わないと、「キャズム」と呼ばれる、初期市場と主流市場の間の溝に落ちてプロダクトは消えていってしまう。

キャズムを越えると、「トルネード」と呼ばれる2つめの段階に入り、価値の普及を進めていくことになる。プロダクトの普及を急拡大させるトルネードでは、新規顧客を獲得し、ライバル企業を吹き飛ばすことを目指す。キャズムを越え、トルネードに上手く乗せることによって、新しい何かは一気にイノベーションとして普及させていくことができる。保守的で変化を敬遠する主流市場において、プロダクトを竜巻に乗せるように急拡大させるには、生産能力の向上、販売網の拡大、競合他社との差別化競争は必須条件になる。そのうえで、ビジネスパーソンは、2つの注意点を強く意識することが重要になる。

1つは、消費者に対して優しく手を差し伸べる意識づけだ。「新しくて便利な、未来を実感できる何か」を、丁寧にわかりやすく伝え、説得する意識を持たなければ、消費者を未来へ連れていくことはできない。ビジネスに取り組む担当者は、そのプロダクトをすみずみまで知り尽くすプロフェッショナルだ。だからこそ、素人感覚を失いやすい。これは当たり前のように思えて、とても見落とされやすい。情報感度が高く、ハイテクに慣れ親しむ消費者は、初期市場にしかいない。主流市場にいるのは情報感度が低く、ハイテクが苦手で新しいモノを敬遠する素人だ。彼らとつながり、説得して巻き込んでいくためには、丁寧すぎるほどに、優しい情報発信をしなければならない。ちょうどアイフォンがスマートフォンの使い方を1つずつ丁寧に教えるテレビ広告を大々的に発信したように。

もう1つは、ライトなインフルエンサーとの結びつきの重視だ。インフルエンサー・マーケティングと言うと、強力な影響力を持つ芸能人やスポーツ選手を思い浮かべやすいが、彼らの影響は広範囲に届く一方、影響力の持続時間は短い。有名人の発信する情報は、プロダクトの認知拡大には有効だが、あくまで別世界の人として線引きをされやすい。プロダクトを広めるためには、もっと身近で持続性のある影響力を持つ一般のライトなインフルエンサーに注目する方が有効になる。消費者にとって他人事にならず、手の届く範囲で「私もこうなりたい」と思われるライトなインフルエンサーと結びつくことで、トルネードの勢いを強めることができる。

若者から絶大な支持を集める、ニューヨーク発の化粧品ベンチャーのグロッシアーは、ライトなインフルエンサーを味方につけることで成長を続けている。同社では、質の高い投稿をしてくれるユーザーや、長くブランドを愛用してくれているユーザーをアンバサダーに任命している。発信される情報の質に重点を置いて選定しており、フォロワー数が200人しかいないアンバサダーもいる。アンバサダー150名とのグループ・チャットでは、毎週1000以上のメッセージがやり取りされ、製品やデザインが共創されている。

トルネードに乗せて普及拡大に成功すれば、第3段階は価値の浸透だ。すでにイノベーションとしての認知は広がっており、ヒット商品として、残った消費者の重い腰を動かせばいい。残りの消費者のために、顧客志向を強化したマーケティング戦略へ軌道修正することで、イノベーションとして長生きできるようになる。

以上のフレームワークと注意点を踏まえ、自社や他社のビジネスが、「現在どの段階にいて、課題は何なのか」を考察する。この訓練を積むことで、ビジネスパーソンは消費者を未来へ導くネットワーキング・スキルを磨くことができる。

ここでは具体的に、スマートスピーカーを例に考えてみよう。

AIを搭載したスマートスピーカーは、北米と対照的に日本では普及が停滞している。初期市場には広がったがキャズムに落ちかかっており、トルネードに乗ることはできていない。その要因の1つは、スマートスピーカーの利用、スマートホームの実現を促すプロモーションが、消費者を置き去りにしている点にあると考えられる。現在の消費者は、現状のリモコン操作に不自由なく、むしろリモコンの方が楽だと考えている。テレビやネットの動画広告で強調されているような、自宅でスピーカーに話しかけて行う音声でのオーディオ操作や天気の確認、ネット注文などは、ニーズとして実感されていない。

トルネードに乗せて普及を拡大させるには、新しくて便利な未来を実感させる、丁寧でわかりやすい情報発信と、体験機会の提供が必要になる。自動車への搭載はその解決策の1つとなるだろう。カーナビのタッチ操作ができない運転中には、音声操作の価値が際立つ。運転中にスマートスピーカーに話しかけ、ナビゲーション設定やオーディオ操作を行う。このシーンを動画広告として大々的に発信したり、自動車への標準搭載を進めて体験機会を増やしたりすることが効果的だ。車内で価値を実感させ、車から家庭へ広めていくことができる。

じつは、日本の生活環境にはすでに音声案内が浸透している。1日の電気代を知らせてくれるエアコン、操作手順を教えてくれる自動支払機など、日本ほど暮らしのなかに音声案内が行き届いている国はない。それは日本の消費者が「機械に話しかけられる」状況に慣れ親しんでいることを意味する。音声でのやり取りの下地は整っており、あとは「機械に話しかける」習慣を広めれば、スマートスピーカーの普及は爆発的に進められるだろう。

【ブルーポンド戦略】抽象化で広げるニーズ思考

第3章では、既存ビジネスの特長を模倣して取り入れ、差別化を量産してビッグビジネスへ育て上げていくブルーポンド戦略を紹介した。その実践に必要となるのはベンチマーキング・スキルだ。

同業他社や他業種の優れたビジネスを分析し、その特長を自社ビジネスに取り入れるベンチマーキングにおいて、特に重要となるのは、「どれだけ適切なベンチマーク対象を見つけられるか」「どれだけ対象を広げられるか」である。そこで役に立つのが、ビジネスを抽象化させるニーズ思考だ。

消費者は、必要なモノ（ニーズ）のなかから、欲しいモノ（ウォンツ）を絞り込み、さらに好きなモノ（ディザイア）を選んで購入する。そのため、マーケターは消費者の欲求を具体化して絞り込んでいく発想を持ち、ビジネスをできるだけ具体化することを好む傾向がある。しかし、そうした具体化思考は一方で視野と発想を狭くさせることもあり、近視眼的な失敗を導きやすい。

反対に、とくにベンチマーキングにおいては、広く抽象化してビジネスを捉える方が有効になる。ニーズは「満たされていない状態」と抽象化して考えるべきだ。ニーズとは満たされていない状態であり、ウォンツやディザイアは、ニーズを満たすための具体的な手段とする。ニーズと、ウォンツ、ディザイアを、次元の異なる概念とすることで、より広く、自由な発想ができるようになる。ニーズ思考とは、具体的なビジネスそのものではなく、それが満たしているニーズを抽象的に捉える考え方である。

ニーズ思考のベンチマーキングを実践すれば、すべてのビジネスは、具体的なジャンルに限定されず、「可処分時間や可処分所得の奪い合いを行っている」と考えられる。そのビジネスは、「誰」の「どんな時間」や「どんなお金」を必要とするものなのか。具体的な事例を取り上げながら、実践方法を紹介していこう。


ニーズ思考のベンチマーキングを実践した事例として、日本のプロ野球チーム「東北楽天ゴールデンイーグルス」の本拠地、楽天生命パーク宮城の球場運営が挙げられる。東北楽天ゴールデンイーグルスは、チーム設立1年目の2005年、38勝97敗1分けという惨敗に終わった。にもかかわらず、売り上げ高は70億円、黒字2億円を達成し、その年のパ・リーグ6球団で唯一の黒字チームになった。これは、「チームが強ければ自然とお客は集まる」と考えられていた当時の球団経営、球場経営にとって衝撃的な出来事だった。

東北楽天ゴールデンイーグルスが、新球団として認められたのは2004年11月で、2005年4月の開幕まで、わずか5カ月間で球団のすべてを準備しなければならなかった。ロゴ、グッズ、ユニフォーム、球団歌など、課題は山積みだったが、なかでも球場づくりは最大の難問だった。そこで行われたのが、徹底的なベンチマーキングだ。

まずは国内にすでにある野球場・スタジアムや、アメリカのメジャーリーグの各球場をベンチマーク対象として、設計やテナント運営の実態を分析した。続いて、野球というジャンルからエンターテインメント施設に対象を広げて、サッカーなどの別スポーツ施設からコンサート会場などのエンターテインメント施設まで既存の施設をもれなく分析対象に加えた。

さらに、それでも不十分と考えて可処分時間の視点からより広い分析を行っていった。プロ野球の観戦は、土日祝日に限らず、平日の夜を過ごしてもらう空間を提供することになる。では、消費者は平日の夜6時から9時の3時間をどのように過ごしているのか。そう考えてみると、ベンチマーク対象はスポーツ施設やエンターテインメント施設だけでなく、飲食店やカラオケ店まで広げる必要があることに気づいた。

消費者が平日の夜を外出して過ごす目的は、友人や同僚と一緒にコミュニケーションを取りながら飲食を楽しんで過ごすことにある。「コミュニケーションを取りながら飲食を楽しんで過ごしたい」という抽象化したニーズを満たすために、具体的な「飲食店やカラオケ」というビジネスが機能している。そこに、「野球観戦に行く」という新たな選択肢を加えたのだ。すべての消費者を野球好きに変えて、野球観戦を特別なものにすることは難しく、現実的ではない。そうではなく、野球観戦をあくまで飲食店やカラオケと並ぶ、時間消費の選択肢の1つに過ぎないと考えたのだ。

この視点から球場づくりを検討すれば、従来通りではいけないことは明らかだった。従来のスタジアムの設計では同じ時間を奪い合うライバルたちに勝てない。飲食店で言えばカウンター席と同じ、横並び座席だけでは、観戦中にコミュニケーションは取りづらい。飲食店の基本である清潔感がなく、汚い通路やトイレのままだったら球場の滞在中に不快な思いをさせてしまう。野球場では当たり前だった割高で味がいまいちのフードメニューでは、飲食店にもカラオケにも勝てない。

そこで、ライバルである飲食店とカラオケの取り組みから学び、それらの特長を球場づくりに取り入れていった。座席は対面式で会話しやすい「居酒屋シート」を数十席設けた。グラウンドに背を向ける席がある居酒屋シートは、野球観戦のためだけの空間づくりとしてはありえないものだった。しかし、チケット販売開始から5分以内に売り切れる人気席として歓迎され、2年目には数百席、3年目には数千席へ増設されて、いまや居酒屋シートは人気の定番席になっている。通路とトイレの清掃強化、食事の質の向上、人気選手ごとのオリジナルメニューづくりなどにも注力した。こうした取り組みが実を結んだ結果が、初年度黒字という成果になって現れた。

楽天の球場は、コミュニケーションを楽しみながら、「野球も楽しめる空間」としてつくられた。だからこそ、シーズン100敗に迫る弱小チームの本拠地であっても、ホームチームが勝つか負けるかではなく、合コンや会社の飲み会などに使える楽しい場所として、仙台で受け

図14:ニーズ思考でベンチマーク対象を広げる

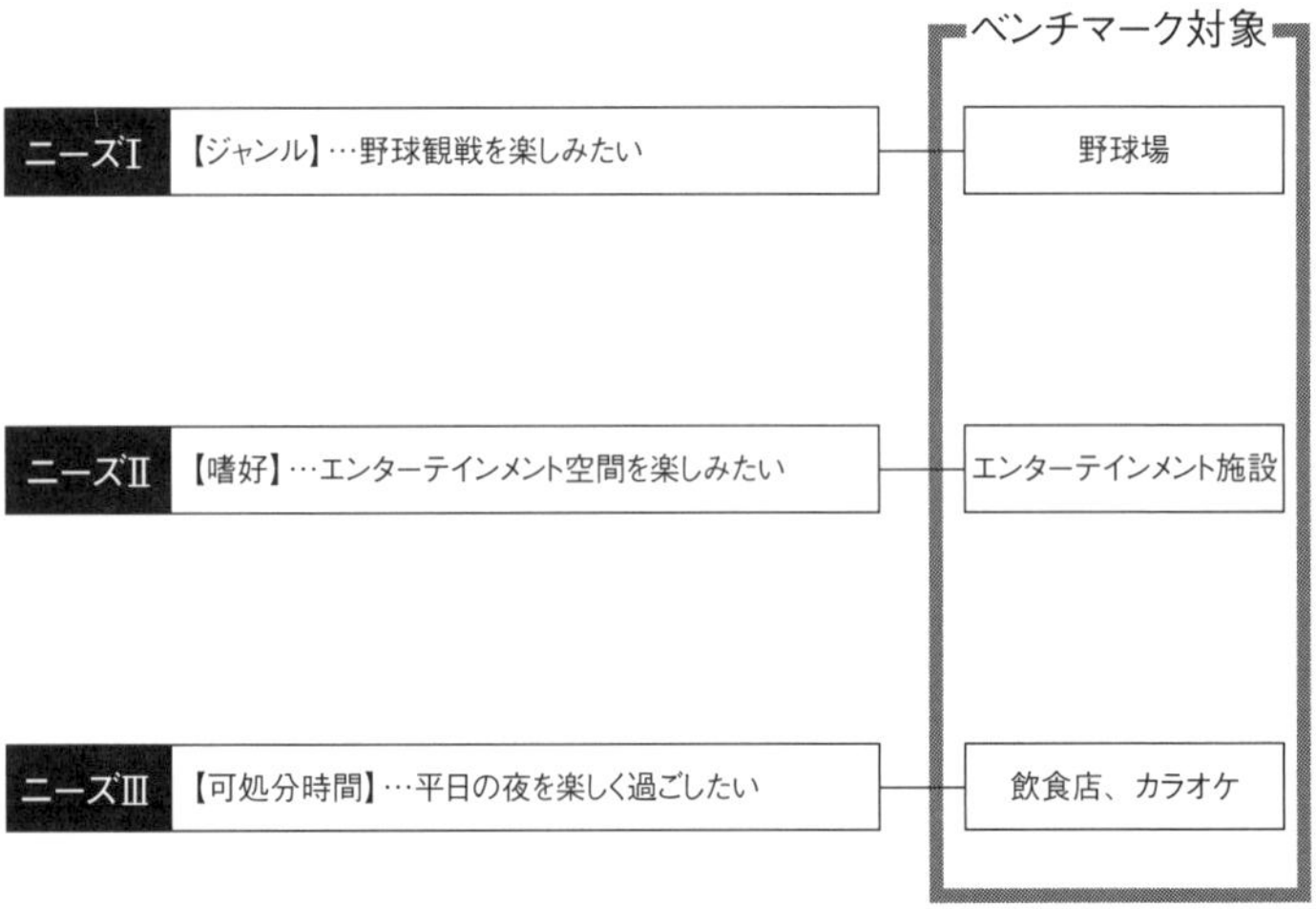

出典:筆者作成

入れられることに成功した。

この一連のプロセスを整理したものが、図14だ。球場づくりにおいて、ジャンルに縛られ、消費者のニーズを「野球観戦を楽しみたい」と近視眼的に狭く思い込んでいたら、ベンチマーク対象は、国内外の他の野球場だけになってしまった。そのニーズⅠを一段階、消費者の嗜好に抽象化して、ニーズⅡ「エンターテインメント空間を楽しみたい」と考えると、国内外の他のスポーツ施設やエンターテインメント施設まで、ベンチマーク対象を広げることができる。ただし、それでもまだ不十分だ。もう一段階、可処分時間まで抽象化を進めることで、ニーズⅢ「平日の夜を楽しく過ごしたい」と考えられるようになった。平日の仕事おわりに、コミュニケーションを取りながら飲食をして過ごしたい。この抽象的な消費者ニーズにすることで、はじめて飲食店やカラオケまでベンチマーキング対象を広げることができるようになり、球場づくりの成功が導かれることになった。

自由にできる時間の奪い合い、というニーズⅢまで抽象化すれば、あらゆるビジネスは結びつけて考えられる。一人ひとりのビジネスパーソンが、このニーズ思考のベンチマーキング・スキルを鍛えることによって、ブルーポンド戦略の生産性を大幅に向上させられるようになる。

【ブリッツスケール】3Mの作成、実行、更新

第4章では、池のサイズの小さなビジネスを、圧倒的な速度と規模で急拡大させるブリッツスケールを紹介した。その実践には、高い目標を設定して社内や取引先、投資先を説得できるだけのロジックを伴った、夢のストーリーテリングのスキルが必要になる。

日本の多くのビジネスパーソンにとって、いきなり「夢を掲げろ」「夢を語れ」と言われても容易なことではないだろう。思い返してみれば、多くの人が就職活動のときには自身の夢、高い目標を懸命に考えて面接で披露したことだろう。面接の担当者に対して説得力のあるロジックを組み立てて、自らの可能性を訴えかけたはずだ。しかし、いざ就職すると日々の業務に追われるなかで夢は過去の遺物となっていく。

ここで重要なのは、ビジネスについて考えるように、自分自身についても価値の高め方

を考えることである。そのときに役立つのが、「3Mのトライアングル」というフレームワークだ。これはベンチャー企業の組織を対象に考えられたものだが、個人にも応用することができ、ビジネスパーソンが夢を掲げ、かなえ、さらに大きな夢に更新していくサイクルに役立てることができる。

3Mのトライアングルとは、ミッション(存在意義)、モチベーション(動機)、モメンタム(勢い)という3つのMが生み出す好循環だ(図15)。

まず、ミッション(存在意義)とは、「自社は何のために存在するのか」を適切に設

図15:夢を掲げてかなえる、3Mのトライアングル

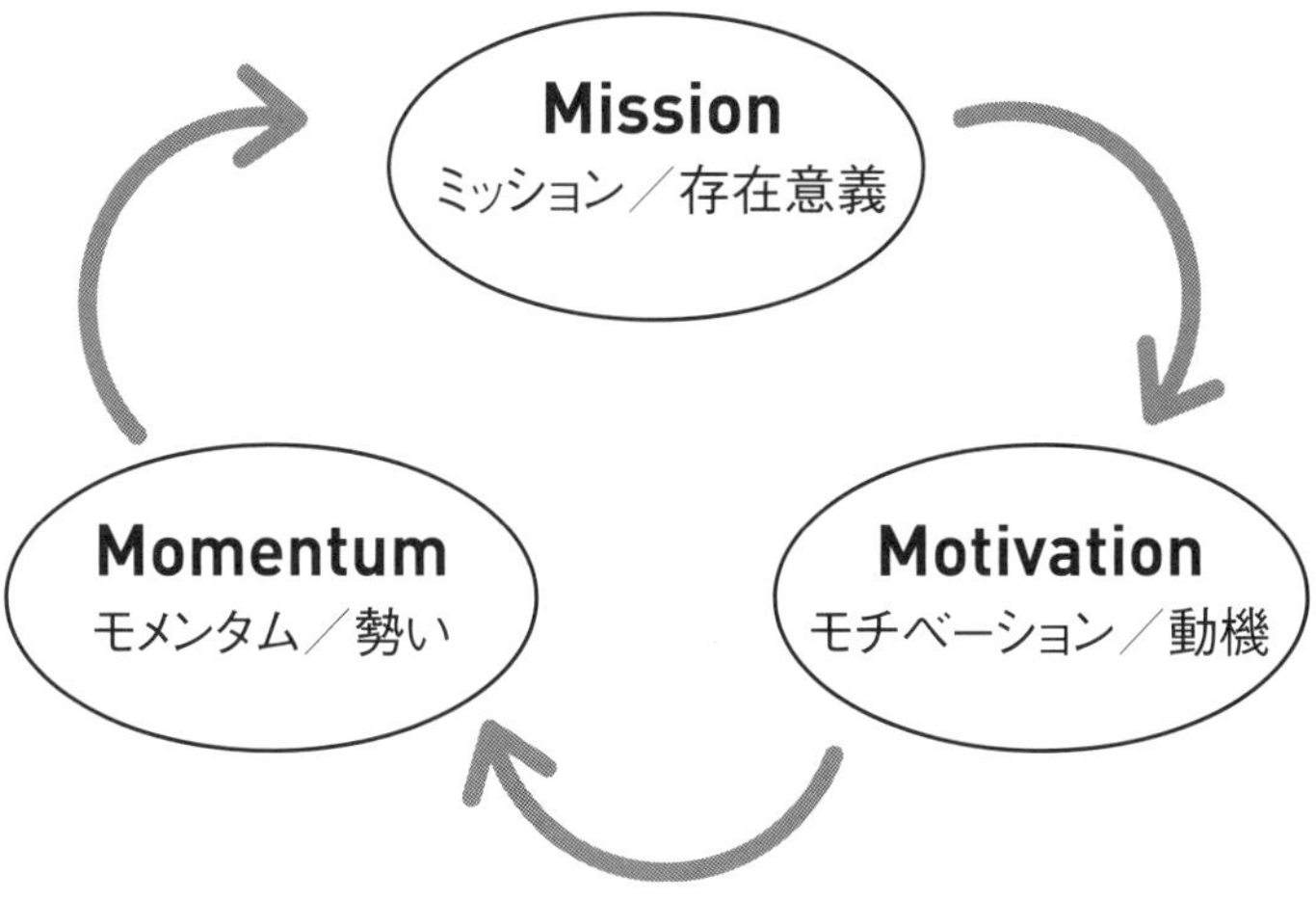

出典:筆者作成

定することである。優れたミッションは2つの意味の広大さを持つ。1つはマーケティング・マイオピアに陥らないという意味での広大さだ。マイオピアとは「了見が狭いこと、近視眼的であること」を意味する。つまり、「〇〇屋」になってはいけない、ということだ。検索サービスからはじまったからといって、グーグルは「検索屋」ではないし、アマゾンは「通販の本屋」ではない。自社の既存ビジネスのジャンルに縛られず、自社が提供する価値や満たすべきニーズに基づいて、広がりのあるミッションを設定することが重要だ。もう1つは世界を意識するという意味での広大さだ。実際には国内市場からはじめて一定の成功を収めてからグローバル市場に進出していくのが一般的だが、重要なことは、当初から視線の先に世界を含めていることである。

ミッションとは、ただ掲げるものではなく、企業の活動の指針となり、企業文化の基盤にもなる重要な要素だ。適切で広大なミッションを掲げることで、企業組織は、モチベーションを高め、生産性を向上していける。また、迷ったときや不安になったときに心の支えとなり、次の一歩を踏み出す後押しをしてくれる。

2つめのモチベーション（動機）は、働く動機であり、ビジネスという長い戦いを続けていくうえで、欠かすことのできない要素である。とくに、ハイリスク・ハイリターンのベンチャー業界では、2つのモチベーションが求められる。

1つは、自己実現のモチベーションだ。起業家は、会社員として働く場合よりも、自らの責任のもとに会社を興して社員を雇う、というハイリスクを背負う。それを自覚したうえで、それでも会社員になる場合の期待値以上の何かをかなえたいから、起業を選択する。会社員としての期待値（生涯年収）よりも多く稼ぎたい。会社員としての期待値（やりたいこと）ではできないことを、自身の考える方法ですぐに実現したい。会社員としての期待値（出世）をひっくり返して、成り上がりたい。「会社員として」を、「大企業や中小企業の社員として」に置き換えれば、ベンチャー企業にジョインする人材にも同様のことが当てはまる。自己実現に対する欲求は、決して邪なものではなく、チャレンジするために不可欠のものだ。

もう1つのモチベーションは、社会課題の解決である。自己実現だけでは他者を説得して巻き込むことは難しいし、ある程度の金銭的・社会的な成功を収めた時点で働く動機を失ってしまう。いくつかの成功と達成感を得ながらも、走り続けるためには、「社会をよりよいものにしたい」という強い思いが必要になる。

高いモチベーションの存在によって、3つめのモメンタム（勢い）が生み出される。ベンチャーの成長にこのモメンタムは欠かすことができない。勢いが強いからこそ、その企業の夢を実現できる説得力が高まり、ヒト・モノ・カネが集まる。起業家や社員たちはモメンタムに興奮し、次の達成感を求めて、さらに猛烈に働く。外部の優秀な人材はモメンタムに惹かれて期待と憧れを胸にジョインする。投資家は、一攫千金を夢見て投資を集中させる。高いモメンタムが大きな成果を導き、夢を達成させる。そして、さらに先の夢を描いてミッションを更新していけるようになる。

この3Mのトライアングルは、すべてのビジネスパーソンにあてはめることができる。「自分は何のために存在するのか」という個人のミッションを、所属する企業のビジネスのジャンルに縛られることなく、できれば世界を意識して、考えてみてほしい。自分という1人のビジネスパーソンは、「どんな価値を、社会に対して生み出していきたいのか」。そして、そのミッションに向けて、どんなモチベーションを持つことができるのか。自分は、どんな自己実現を望んでいるのか。どんな社会課題を解決したいと考えられるのか。

さらに、考えているだけでは目的は達成できない。行動に移し、トライ&エラーを重ねながら進むことで、ビジネスパーソンとしてのモメンタムを自らの手で生み出していく。このミッション・モチベーション・モメンタムを、個人がそれぞれに意識し、作成・実行・更新することで、夢のストーリーテリングのスキルが磨かれていく。

リクルートの人材開発法は、世界的に見ても卓越しており、「ドリーム・マシン（夢の実現装置）」と名づけられ、ハーバードビジネススクールの講義で企業事例として学ばれている。[*1] まず同社では、社員に「どのように世界の役に立ちたいか」「どんな社会課題を解決したいか」を考えさせ、会社はその実行のために必要なものを提供する、という方針を取っている。次に、人事面談では「なぜこの会社で働いているのか」を聞き、上司は部下に対して「あなたはいま、何をすべきと思うか」と尋ねるなど、自分の頭で考えさせる質問形式が徹底されている。さらに同社では、入社後6年半が経つと、キャリアアップ支援金や退職金などが支給される資格が得られ、社外でやりたいことがあれば卒業して実現させていくことを支援している。こうしたリクルートの取り組みは、3Mのトライアングルに通じるものである。

リクルートはドリーム・マシンの組織になっているが、すべてのビジネスパーソンは、個人としてドリーム・マシンになればいい。各自で、自主的に夢のサイクルを実践していくことで、夢の実現が導かれる。

終章　まとめ

- 【加点型マーケティング】比率に応じて、「まず促進、続いて予防」で議論する
- 【未来型共創マーケティング】強調点と注意点に気をつけて、トルネードに乗せる
- 【ブルーポンド戦略】抽象化するニーズ思考で、ベンチマーク対象を広げる
- 【ブリッツスケール】自分自身の「3M」を定義して、実行し、更新していく

注釈

＊1　日経電子版、出世ナビ、ハーバードが学ぶ日本企業「「夢の実現装置」ハーバードも驚くリクルートの強み」を参照。
https://style.nikkei.com/article/DGXMZO54206720Z00C20A1000000/

おわりに

本書では、デジタルイノベーションを輩出する中国ベンチャーの「広め方」を解き明かし、戦略・スキル・マインドで構成される「リープ・マーケティング」として体系化することによって、日本の企業とビジネスパーソンが学んで取り入れられる枠組みとして示した。

2020年、私たちには、新しい何かを広める力が求められている。いや、「いまならば、まだ間に合う」と言った方が適切かもしれない。現在進行形で生じているコロナショックは、世界のあらゆる国・企業・人に予測不可能な衝撃をもたらし、ビジネスのあり方、ライフスタイルのあり方を激変させている。「対ウイルスの第三次世界大戦」とまで言われるこの事態は、私たちが直面する史上最大規模の「変化の波」である。ただ立ち止まっていては、変化の波に押しつぶされてしまうだろう。そうではなく、この大波に乗れるように、私たち自身が率先して変化していかなければならない。「生き残ることができるのは、もっとも力が強いものでも、もっとも知能が優れるものでもない。変化に対してもっとも適応できるものである」。自然科学者のチャールズ・ダーウィンのこの言葉は、まさしく２０２０年の私たちのためにあるものだ。激変を続ける環境下で勝ち上がり続けていくためには、「変化を恐れない」というスキルを、ビジネスパーソンとしても、企業としても、発揮していくことが求められる。

イギリスの金融機関「スタンダート・チャータード」では、２０３０年の世界のＧＤＰトップ10が、中国、インド、アメリカ、インドネシア、トルコ、ブラジル、エジプト、ロシア、日本、ドイツの順番になると予測している。世界のＧＤＰに占めるアジア諸国の割合は、２０１０年に20％、２０１８年に28％と拡大しており、２０３０年には35％まで高まるという。つまり、急成長を維持するアジアのなかで、日本は取り残されるように停滞し続けることになる。

ＡＩ、ＩｏＴ、ロボット、フィンテックなどが次々にイノベーションとなって広がっていく第４次産業革命は、２０１０年代から現在進行形で起きている最中だ。そのなかで、デジタル分野にとくに弱い日本は何かをはじめなければ、何かを変えなければ、このまま世界との差は広がる一方である。

「何かをはじめる」と「何かを変える」は、企業が、マネジメント層だけが考えれば済む事柄ではない。企業は、人である。本書で再三にわたって強調してきたように、トップが戦略を変えても、現場に立つビジネスパーソン一人ひとりのスキルとマインドが変わらなければ、企業という組織全体の変革はできない。だから、誰もが自分事として、挑戦と変革を志すことが必要になる。日本／アジア／世界のなかで、自社／自分自身は、どんな強みを発揮して、どのような夢を実現していくのか。一人ひとりが真剣に考え、行動していくことが不可欠だ。

いきなり何もかもを変えることは難しいし、これまで築き上げてきた強みまで捨てる必要はない。問題意識を持って情報収集に努め、成功事例から学び、少しずつ取り入れて変わっていけばいい。中国ベンチャーは、その学びの対象の1つとして、有意義な知見を提供してくれる貴重なケースだ。まずは意識から変えていき、大きな変革を導いていこう。

中国ベンチャーの飛躍や、日本の停滞を「国民性の違い」と言って片づけるのは簡単だ。そうして、もう30年間も言い訳を続けてきた。しかし、国民性は不変のものではない。もしも不変だとしたら、この先、日本に明るい未来は期待できないはずだ。現時点における国民性を、新しく塗り変えられるマーケティングを実行すればいい。それこそが、消費者を説得して「新しい何か」を広めていくマーケティングの役割であり、マーケターの存在価値である、とさえいってもいいだろう。

「近年、日本のマーケターは『短編小説』しか書けなくなっている。学者はアメリカの後追いで身の回りの小さなテーマばかりを研究して、実務家は既存の焼き直しの小さなビジネスばかりする。彼らは、自分のいる業界や、日本国内のことにしか興味がなく、知識がない。知らないから考えられなくなり、だからつくれない。マーケターは、もっと学び、視野と発想を広げて、『長編小説』を書けるようにならなければいけない」

数年前にある恩師からもらったこの言葉は、いまでも心に響いている。

本書は、マーケティング書籍の「長編小説」となれるよう、筆者が研究者としての志を持って執筆に挑戦した1冊である。手に取っていただいた読者の方々が、それぞれの実務の現場で、ビジネスの「長編小説」をつくりあげていく一助となれたら、本望だ。

最後に、本書をつくるにあたって尽力いただいた方々へ、この場を借りて感謝を伝えたい。この企画の可能性を見出し、書籍化に尽力いただいたイースト・プレスの矢作奎太氏。および、同社編集部と営業部の方々には、心より御礼申し上げる。また、中国現地での視察や取材をコーディネートいただいた呉加華氏、丁克己氏には、最大限の感謝を伝えたい。筆者が、中国・世界に対してフラットに向き合えるマインドを養ってくれた、恩師の1人で、父である、早稲田大学の永井猛教授への感謝も忘れずに記しておきたい。

2019年夏から2020年春にかけて、妻の我慢強いサポートがあったからこそ、本書を書き上げることができた。日頃、執筆活動に理解とサポートをくれる妻と、2人の息子への感謝を記し、本書を締めくくりたい。

2020年5月

永井竜之介

参考文献

- Kimberly A. Whitler(2019)
 「What Western Marketers Can Learn from China」Harvard Business Review
 2019 May-June, 74-82
- W・チャン・キム、レネ・モボルニュ(2005)
 『ブルー・オーシャン戦略　競争のない世界を創造する』ランダムハウス講談社
- 池田紀行・山崎晴生(2014)
 『次世代共創マーケティング』SBクリエイティブ
- 黄未来(2019)
 『TikTok　最強のSNSは中国から生まれる』ダイヤモンド社
- 佐々木康裕(2020)
 『D2C「世界観」と「テクノロジー」で勝つブランド戦略』NewsPicksパブリッシング
- 週刊東洋経済編集部(2017)
 『中国の製造業はこんなにスゴイ!』東洋経済新報社、週刊東洋経済eビジネス新書
 No.216
- ジェフリー・ムーア(2011)
 『トルネード　キャズムを越え、「超成長」を手に入れるマーケティング戦略』海と月社
- 沈才彬(2018)
 『中国新興企業の正体』角川新書
- 永井猛(2010)
 『富と知性のマーケティング戦略』五絃舎
- 永井竜之介・村元康(2019)
 『イノベーション・リニューアル　中国ベンチャーの革新性』千倉書房
- 日経ビジネス編(2019)
 『世界を戦慄させるチャイノベーション』日経BP
- 村元康・永井竜之介(2018)
 『メガ・ベンチャーズ・イノベーション』千倉書房
- 黎万強(2015)
 『シャオミ　爆買いを生む戦略』日経BP社

リープ・マーケティング
中《ちゅう》国《ごく》ベンチャーに学《まな》ぶ新《しん》時《じ》代《だい》の「広《ひろ》め方《かた》」

2020年6月5日　第1刷発行

著者　永《なが》井《い》竜《りゅう》之《の》介《すけ》
ブックデザイン　小口翔平＋喜來詩織(tobufune)
校正校閲　konoha
本文DTP　臼田彩穂
編集　矢作奎太
発行人　北畠夏影
発行所　株式会社イースト・プレス
〒101-0051　東京都千代田区神田神保町2-4-7 久月神田ビル
Tel.03-5213-4700　Fax03-5213-4701
https://www.eastpress.co.jp

印刷所　中央精版印刷株式会社

ISBN 978-4-7816-1889-0